乡村振兴战略·浙江省农民教

种植业防灾减灾技术

浙江省农业农村厅 编

ZHEJIANG UNIVERSITY PRESS

浙江大学出版社

·杭州·

图书在版编目（CIP）数据

种植业防灾减灾技术/浙江省农业农村厅编．—杭州：浙江大学出版社，2023.4

（乡村振兴战略·浙江省农民教育培训丛书）

ISBN 978-7-308-21943-3

Ⅰ.①种… Ⅱ.①浙… Ⅲ.①种植业-灾害防治 Ⅳ.①F307.1

中国国家版本馆 CIP 数据核字 (2023) 第 050052 号

种植业防灾减灾技术

浙江省农业农村厅 编

丛书统筹	杭州科达书社
出版策划	陈　宇　冯智慧
责任编辑	陈　宇
责任校对	赵　伟　张凌静
封面设计	三版文化
出版发行	浙江大学出版社
	（杭州市天目山路148号　邮政编码 310007）
	（网址：http://www.zjupress.com）
制作排版	三版文化
印　　刷	杭州艺华印刷有限公司
开　　本	710mm×1000mm　1/16
印　　张	12
字　　数	210千
版 印 次	2023年4月第1版　2023年4月第1次印刷
书　　号	ISBN 978-7-308-21943-3
定　　价	78.00元

乡村振兴战略·浙江省农民教育培训丛书

编辑委员会

主　　任　唐冬寿

副主任　陈百生　王仲淼

编　　委　田　丹　林宝义　徐晓林　黄立诚　孙奎法
　　　　　张友松　应伟杰　陆剑飞　虞轶俊　郑永利
　　　　　李志慧　丁雪燕　宋美娥　梁大刚　柏　栋
　　　　　赵佩欧　周海明　周　婷　马国江　赵剑波
　　　　　罗鹜峰　徐　波　陈勇海　鲍　艳

本书编写人员

主　　编　厉宝仙　金子晶

副主编　李　婧　肖晶晶　罗鹜峰

编　　撰　(按姓氏笔画排序)
　　　　　马焕艳　王　琦　王月星　王松琳　厉宝仙
　　　　　冯海强　齐　川　许剑锋　孙　钧　杜叶红
　　　　　李　婧　肖晶晶　何伯伟　张　林　张　慧
　　　　　陆中华　陆德彪　罗鹜峰　金子晶　郑光寿
　　　　　宗亭轩　胡美华　姜娟萍　徐丹彬　蔡仁祥
　　　　　潘美良

丛书序

　　乡村振兴，人才是关键。习近平总书记指出，"让愿意留在乡村、建设家乡的人留得安心，让愿意上山下乡、回报乡村的人更有信心，激励各类人才在农村广阔天地大施所能、大展才华、大显身手，打造一支强大的乡村振兴人才队伍"。2021年，中共中央办公厅、国务院办公厅印发了《关于加快推进乡村人才振兴的意见》，从顶层设计出发，为乡村振兴的专业化人才队伍建设做出了战略部署。

　　一直以来，浙江始终坚持和加强党对乡村人才工作的全面领导，把乡村人力资源开发放在突出位置，聚焦"引、育、用、留、管"等关键环节，启动实施"两进两回"行动、十万农创客培育工程，持续深化千万农民素质提升工程，培育了一大批爱农业、懂技术、善经营的高素质农民和扎根农村创业创新的"乡村农匠""农创客"，乡村人才队伍结构不断优化、素质不断提升，有力推动了浙江省"三农"工作，使其持续走在前列。

　　当前，"三农"工作重心已全面转向乡村振兴。打造乡村振兴示范省，促进农民、农村共同富裕，浙江省比以往任何时候都更加渴求

人才，更加亟须提升农民素质。为适应乡村振兴人才需要，扎实做好农民教育培训工作，浙江省委农村工作领导小组办公室、省农业农村厅、省乡村振兴局组织省内行业专家和权威人士，围绕种植业、畜牧业、海洋渔业、农产品质量安全、农业机械装备、农产品直播、农家小吃等方面，编纂了"乡村振兴战略·浙江省农民教育培训丛书"。

　　此套丛书既围绕全省农业主导产业，包括政策体系、发展现状、市场前景、栽培技术、优良品种等内容，又紧扣农业农村发展新热点、新趋势，包括电商村播、农家特色小吃、生态农业沼液科学使用等内容，覆盖广泛、图文并茂、通俗易懂。相信丛书的出版，不仅可以丰富和充实浙江农民教育培训教学资源库，全面提升全省农民教育培训效率和质量，更能为农民群众适应现代化需要而练就真本领、硬功夫赋能和增光添彩。

中共浙江省委农村工作领导小组办公室主任

浙江省农业农村厅厅长

浙江省乡村振兴局局长　王亚林

2023 年 3 月

前　言

　　为了进一步提高广大农民的自我发展能力和科技文化综合素质，造就一批爱农业、懂技术、善经营的高素质农民，我们根据浙江省农业生产和农村发展需要及农村季节特点，组织省内行业首席专家和行业权威人士编写了"乡村振兴战略·浙江省农民教育培训丛书"。

　　《种植业防灾减灾技术》是"乡村振兴战略·浙江省农民教育培训丛书"中的一个分册，全书共分四章：第一章是灾害类型发生规律及其对农作物的影响，主要介绍低温、冰雹、干旱、高温、暴雨洪涝、热带气旋（台风）和连阴雨七种灾害；第二章是不同季节灾害性天气对农作物生长的影响，分冬季、春季、夏季和秋季四个季节进行介绍；第三章是科学避灾及农业保险，主要介绍各种灾害的科学避灾措施及农业保险政策和内容；第四章是重点农作物防灾减灾，分粮油类、蔬菜类、果树类、茶桑类、食用菌类、中药材类和花卉类七大类介绍15种农作物的防灾减灾技术。

　　本书内容广泛、技术先进、文字简练、图文并茂、通俗易懂、编排新颖，可供广大农业企业种植基地管理人员、农民专业合作社社员、家庭农场成员和农村种植大户阅读，也可作为农业生产技术人员和农业推广管理人员技术辅导参考用书，还可作为高职高专院校、农林牧渔类成人教育等的参考用书。

目　录

第一章 灾害类型发生规律及其对农作物的影响

气象灾害是限制农业发展的主要因素，威胁农业生产，阻碍农业经济发展。每年因灾减产中，气象灾害影响超过80％。影响农业生产的气象灾害主要有热带气旋（台风）、暴雨洪涝、低温、高温、冰雹、干旱等。

气象灾害是限制农业发展的主要因素，威胁农业生产，阻碍农业经济发展。浙江位于亚热带季风气候区，水热条件优越，利于农作物生长。但境内地形复杂，山地、丘陵、平原、盆地都有分布。加之地处西风带天气系统和副热带系统交绥地区，天气复杂多变，灾害性天气频发。每年因灾减产中，气象灾害影响超过80%。影响农业生产的气象灾害主要有低温、冰雹、干旱、高温、暴雨洪涝、台风等。

一、低温

（一）低温的概念

低温灾害一般是指极地强冷空气和寒潮入侵导致连续多日气温骤降，使得农作物因环境温度太低而遭受损伤并对农作物产量造成影响。浙江低温主要有春秋季低温、春季霜冻和寒潮大雪。

日平均气温连续3天≤11℃，就会出现春季低温，又称"倒春寒"，一般发生在4月，浙北地区发生较多，浙南盆地、丘陵和东南沿海平原地区发生较少。倒春寒发生地域分布特征：从北到南递减，丽水最少，但也有十年一遇的情况。当连续5天日平均气温低于20℃或22℃，即形成秋季低温，通常发生在9—10月。

在浙江，春季霜冻通常出现在3月1日后，24小时内最低气温下降到4℃以下，浙北地区的东部发生较多，浙中、浙南盆地和东南沿海地区发生较少。

寒潮是高纬度的冷空气大规模向中、低纬度侵袭，造成剧烈降温的天气活动。根据《冷空气等级》（GB/T 20484—2017）规定，寒潮是指某一地区冷空气过境后，日最低气温24小时内下降8℃及以上，或48小时内下降10℃及以上，或72小时内下降12℃及以上，并且日最低气温下降到4℃或以下。浙江的寒潮主要发生在11月至翌年3月，形成灾害主要是在1—2月。

雪灾在山区发生次数高于平原，浙西山区高于浙东山区。

（二）低温对农作物的影响

低温对农作物的危害主要有以下方面。

1. 影响农作物生长，导致减产

农作物在生长发育过程中遭遇低温，会削弱其生理活性，使生育延迟，发生生理障碍，造成减产；在营养生长期遭遇低温，会延迟生长发育，叶片萎蔫发黄，严重的会导致冻死冻伤；在营养生殖期遭遇低温，会影响生殖器官形成及受精，严重的会破坏生殖器官，造成大幅减产。

2. 造成植物体死亡或部分死亡

低温冻害造成的严重霜冻，会引起农作物体内冰冻或丧失一切生理活动。受冻后，叶片最初呈现烫伤状，最后枯萎死亡（见图1.1）。

图1.1　霜冻后的农作物

3. 造成经济损失

低温天气下出现的大雪可能会压断果树枝条、压塌大棚等设施。低温过后，需要采取一系列措施以加快恢复生产，这样无形中增加了生产成本。

4. 延误农时

低温灾害会延迟农作物生育期和春季农作物播种时间，影响后茬农作物。

复习思考题

1. 什么是低温？
2. 什么是倒春寒？
3. 什么是寒潮？

二、冰雹

（一）冰雹的概念

冰雹是从对流强烈发展的积雨云中降落的由冰晶组成的坚硬的球状、锥状或形状不规则的固态降水。根据《冰雹等级》（GB/T 27957—2011）规定，冰雹等级按直径大小分为小冰雹（$D < 5$ 毫米）、中冰雹（5 毫米 $\leq D < 20$ 毫米）、大冰雹（20 毫米 $\leq D < 50$ 毫米）和特大冰雹（$D \geq 50$ 毫米）。冰雹具有持续时间短、影响范围集中和破坏性强等特点。冰雹发生前后，常常伴随着强降雨和大风，猛烈的冰雹会砸伤农作物，对农业生产极具破坏性。

冰雹在浙江年平均发生 2.5 次，主要发生在 3—8 月，春夏之交发生最为频繁，其中春季占 71%，夏季占 29%。冰雹多发生于浙西丘陵山区、金衢盆地西部、浙南山区以及浙北的嘉兴、湖州一带，其次是杭州、绍兴等地，舟山发生最少。

（二）冰雹对农作物的影响

冰雹对农作物的影响主要有以下方面。

1. 砸毁农作物

冰雹自高空降落，以较快的速度砸向农作物，给农作物带来物理

伤害。冰雹多发生在春、夏两季，不少农作物处于开花结实或分蘖拔节的关键时期。一旦发生冰雹，农作物会受到严重破坏。

2. 造成冻害

冰雹发生前，一般会出现高温、闷热天气，温度急剧下降，对农作物造成伤害。冰雹发生后，大量的冰块落在地面上，降低了根部温度，冰块融化蒸发时会吸收热量，再次降低地面温度，造成根系或近地面茎秆受冻。

3. 引起土壤板结变硬

冰雹短时间内强烈地撞击地面，会使土壤表层受到伤害，土层变硬，空气不易流通，造成土壤中氧气不足，影响根系呼吸。

4. 伴生洪涝灾害

冰雹发生时，常伴有强烈雷电、暴雨和狂风，有时会形成7~8级大风和局部地区洪涝，对农作物生长造成严重危害。

1. 什么是冰雹？
2. 冰雹发生的主要时间和地区？
3. 冰雹对农作物的影响主要有哪些方面？

三、干旱

（一）干旱的概念

干旱是指由长期少雨或雨水不足而引发的水分严重不平衡，河流流量减少以及地下水和土壤水分枯竭，最终导致农作物枯萎。当蒸发和蒸腾（土壤中的水分通过植物叶面进入大气）的水分长时间超过降水量时，即发生干旱。干旱可分为气象干旱、水文干旱、农业干旱、社会经济干旱等四类，其中农业干旱是指农作物生长季内，供水不足导致农田水量供需不平衡，阻碍农作物正常生长发育的现象。

根据《农业干旱等级》（GB/T 32136—2015）规定，农业干旱可分为轻旱、中旱、重旱、特旱四级（见表1.1）。

表1.1　基于农田与农作物干旱形态指标的等级

等级	农田与农作物干旱形态		旱地农作物出苗期	水稻移栽期	生长发育阶段
	播种期				
	旱地	水田			
轻旱	出现干土层，且干土层厚度小于3厘米	因旱不能适时整地，水稻本田期不能及时按需供水	因旱出苗率为60%~80%	栽插用水不足，秧苗成活率为80%~90%	因旱叶片上部卷起
中旱	干土层厚度3~6厘米	因旱水稻本田断水，开始出现干裂	因旱播种困难，出苗率为40%~60%	因旱不能插秧，秧苗成活率为60%~80%	因旱叶片白天凋萎
重旱	干土层厚度7~12厘米	因旱水稻田干裂	因旱无法播种或出苗率为30%~40%	因旱不能插秧，秧苗成活率为50%~60%	因旱有死苗、叶片枯萎、果实脱落现象
特旱	干土层厚度大于12厘米	因旱水稻田开裂严重	因旱无法播种或出苗率低于30%	因旱不能插秧，秧苗成活率小于50%	因旱植株干枯死亡

浙江省发生干旱有明显的区域性，干旱地域分布整体呈现由南向北递增、由东向西递增的趋势，其中临海市干旱最为严重。浙西（金华、衢州）周围的内陆丘陵盆地地区为干旱的主要地区，其次是东南沿海丘陵山地地区和西南地区。干旱相对较少的地区是东南沿海平原及滨海岛屿地区。干旱是浙江最主要的气象灾害之一，其造成的损失占气象灾害损失的约50%，并且具有发生频率高、范围广、持续时间长、后续影响大等特点。

干旱在浙江一年四季都有可能发生，主要发生在夏秋两季。浙江省约有三分之一的年份为干旱年。2013年7—8月，省内大部分地区出现了持续40多天的干旱；2019年10—11月，浙西南部地区出现区域性较严重干旱；2020年冬季，温州部分地区出现了严重干旱。

（二）干旱对农作物的影响

当农作物遭遇干旱的时候，光合作用会减弱。农作物为减少水分损失，气孔会关闭，进而引起二氧化碳亏缺，光合速率下降。发生严重干旱时，叶肉细胞或叶绿体等光合器官的光化学活性会下降，甚至会破裂解体，造成光合作用受阻，干物质积累减少，影响营养生长和生殖生长，导致农作物生长缓慢或结实率下降。干旱还会引起农作物呼吸速率的变化，影响正常的代谢。此外，干旱时农作物体内植物激素、脯氨酸和细胞膜透性也会发生变化。

对准备播种的农作物而言，干旱会影响其适时播种，延迟生育期，影响后茬农作物，还容易造成幼苗出土困难，发芽率、出苗率下降，出现缺苗断垄现象，影响产量。对处于苗期的水稻、小麦而言，干旱会造成植株矮小，分蘖减少。在农作物产量形成的关键时期，干旱会严重影响生殖生长，造成"库"瘪，"流"滞，产量和品质下降。对采收叶片的茶树、桑树而言，干旱最先造成叶片卷曲萎蔫，影响采收质量（见图1.2）。轻旱或中旱会造成农作物减产，但干旱解除后可恢复生长。重旱和特旱会造成植物内器官不可逆转的破坏，造成大幅度减产甚至绝产。此外，持续性干旱少雨对病虫越冬有利，易引发冬后虫口基数较高，病虫害风险上升。

图1.2 茶叶干旱

复习思考题

1. 什么是干旱？
2. 浙江容易发生干旱的地区有哪些？
3. 浙江发生干旱的主要时间？

四、高温

（一）高温的概念

根据《区域性高温天气过程等级划分》（QX/T 228—2014）规定，日最高气温≥35℃的天气为高温天气，出现连续2天或2天以上的高温天气为高温天气过程。在农业生产中，持续出现超过农作物生长发育适宜温度上限的高温，会对植物生长发育及产量造成损害，形成高温热害。不同农作物和同一农作物不同生长发育期，温度的承受上限不同，高温热害指标也不同，一般把高温热害标准定为连续3天或3天以上日平均气温≥30℃，日最高气温≥35℃。

浙江高温主要受西北太平洋副热带高压控制或大陆暖高压脊控制，具有明显的季节特征和地域性，通常出现在7—8月，内陆发生多、沿海地区少，西部多、东部少，丽水、金华、衢州、杭州西南部为高发区。2013年高温为浙江近60多年来最强，全省平均气温、高温日数、极端最高气温均破1951年的最高纪录，农业损失严重。

（二）高温对农作物的影响

高温对农作物的影响主要表现在影响开花结果和灼伤叶片两个方面。农作物在开花结果期对温度比较敏感：开花时遭遇高温，会影响盛花时间、开花率、花药开裂率等，引起落花，影响授粉率，形成畸形果或瘪粒；灌浆时遭遇高温，会加快灌浆速度，缩短灌浆时间，有时会造成青枯早熟，对产量影响巨大；成熟时遭遇高温，会造成籽粒不饱满，甚至是落果。持续性高温会造成高温热害，使植物叶绿素失去活性，烧伤叶片，阻碍光合作用正常进行，直接影响叶菜类蔬菜的商品性。

每年7—8月正值浙江省单季晚稻的幼穗分化期，高温热害对其影响较大。高温还会引起蔬菜落花落果，坐果率明显降低。马铃薯受到高温热害会引起种性退化，薯块变小；果树或果菜类农作物在夏季强烈太阳辐射下，果实会被灼伤形成斑痕，农作物品质下降。

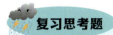
复习思考题

1. 什么是高温？
2. 浙江高温有哪些特点？
3. 高温对农作物有哪些影响？

五、暴雨洪涝

（一）暴雨洪涝的概念

暴雨是指降雨量24小时内超过50毫米或12小时内超过30毫米，24小时内超过100毫米为大暴雨，24小时内超过250毫米为特大暴雨，连续3天及以上日（24小时）降雨量达到或超过50毫米为连续暴雨。暴雨主要是由锋面系统和台风等热带系统造成的，有雨季和台风季两个汛期。暴雨发展到一定程度时，就会形成洪涝灾害。

浙江洪涝灾害主要由梅汛期降雨和台风降雨引起。梅汛期洪涝多发生在5—7月的多雨季节，会有暴雨、大暴雨和连续大雨发生。梅汛期洪涝灾害平均2~3年一遇，浙南、浙西丘陵山区最多，浙西北山区、东南沿海丘陵山区次北部平原、沿海岛屿较少。台风暴雨多发生在7—9月，主要集中在东部和南部沿海丘陵山区，内陆河谷盆地最少。台风造成的沿海高潮增水历年平均为0.5~0.7米。

（二）暴雨洪涝对农作物的影响

暴雨洪涝对农作物的影响主要表现在三个方面。

1. 暴雨过大积水成涝，影响根系代谢活动

积水使土壤空隙中充满水分，造成土壤中氧气缺乏，农作物根系无法进行有氧呼吸，长时间处于缺氧条件下进行无氧呼吸会产生有毒物质，影响农作物生长。若长期处于淹水条件下，农作物根系会死亡，进而使农作物地上部分无法得到水分和营养成分，影响正常代谢活动，最终导致整株死亡。

2. 长期淹水，影响地上部分光合作用

积水不仅会影响农作物根系的呼吸和营养吸收，还会阻碍地上部分进行光合作用。农作物整株或者功能叶处于淹水状态，短时间内会造成叶片气孔关闭，长时间会造成叶绿素含量下降，光合速率降低，光合产物的运输能力也随之下降（见图 1.3）。此外，淹水条件下，农作物细胞膜选择透性降低，代谢平衡被破坏，体内酶活性和激素水平发生变化，加速农作物老化或死亡。

图1.3　蔬菜淹水受灾

3. 土壤养分流失，病虫害发生风险加大

雨水过大、过急时，农作物可能整株被冲走，尤其是幼苗。此外，暴雨还会带走大量土壤养分，雨后高温、高湿会使病虫害发生风险增大。

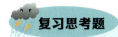复习思考题

1. 什么是暴雨洪涝？
2. 浙江洪涝灾害发生的主要时间？
3. 暴雨洪涝对农作物根系有哪些影响？

六、热带气旋（台风）

（一）热带气旋的概念

热带气旋是在热带海洋上生成的一种具有暖心结构的强烈气旋性涡旋，常常伴有狂风暴雨。这种热带气旋在不同地区的称呼不同，在东亚地区称为台风，在大西洋地区称为飓风，在印度洋地区称为热带风暴。凡是中心风力达到 8 级或以上，中心正面登陆的热带气旋都称为登陆台风。台风破坏力大，登陆时伴随大风和强降水，台风中心附近波浪滔天，形成风暴潮。

台风是影响浙江省最严重的气象灾害，浙江东部沿海地区最大风力可达 12 级以上。影响浙江的台风 5—11 月都有可能出现，但主要集中在 7—9 月。台风对浙江影响频繁，平均每年约有 3.3 个，造成明显损失的年均有 1.5 个。浙江东南沿海和浙北沿海地区受台风影响较重，内陆地区影响较轻。

（二）台风对农作物的影响

台风的影响主要表现为强降雨、大风和风暴潮。

沿海地区发生风暴潮和暴雨，引发海水涌入农田。内陆主要是由暴雨引起的洪涝，大风和暴雨诱发的滑坡、泥石流等。因此，台风对农作物的影响是多重的。除了暴雨会对农作物造成影响外，大风也会造成农作物损叶折枝，严重的会造成成片倒伏，甚至连根拔起。农作物在开花授粉期遭遇台风，会引起落花、授粉不良；结实成熟期的农作物遭遇台风，会造成落果、落粒。植株倒伏之后，茎秆弯折，茎秆

运输系统遭到破坏，影响根系向地上部分运输水分、养分，同时也影响地上部分的营养物质向根系运输，影响植物正常的代谢活动。此外，还会影响叶片光合产物向果穗、果实的运输，造成减产。如果茎秆弯折严重，则营养物质完全不能运输，弯折部分以上得不到营养，植物就会死亡。叶片得不到根系运输的营养物质，无法进行光合作用，籽粒灌浆也会停止。如果功能叶以下弯折严重，则会造成大幅度减产甚至绝产。台风过后，农作物叶片损折，同时长时间处于湿度比较大的状态，非常利于病菌侵入和传播，引起病虫害流行蔓延。如果台风暴雨引起泥石流、滑坡、海水倒灌等次生灾害，则还会导致土壤质量下降，含盐量升高，造成盐碱化，影响农作物生长，甚至废耕。

 **复习思考题**

1. 什么是热带气旋？
2. 台风对浙江的影响一般在什么时候？
3. 台风对农作物主要有哪些影响？

七、连阴雨

（一）连阴雨的概念

连阴雨是指持续5天以上的阴雨天气，日降雨量 ≥ 0.1毫米，连续降水过程或 ≥ 7天的连阴雨过程允许中间有一个无雨日（日降雨量为0毫米即为无雨日）。连阴雨天气一般降水强度不大，出现持续阴天降雨，光照少，空气湿度大，气温下降。浙江一年四季均有可能出现连阴雨天气，并且每年都会出现。2016年、2017年发生在春季和秋季，2018年、2019年的冬季出现了连阴雨（雪），2020年发生在冬季和春季。

（二）连阴雨对农作物的影响

连阴雨天气，光照不足，影响农作物光合作用，造成生育期延迟，影响农作物产量品质。持续性降雨使土壤水分长期处于饱和状态，造成根系通气不良，影响根部生长，形成渍害或湿害。低温寡照、降水偏多，还易诱发各类病虫害。抽穗灌浆期遭遇连阴雨，气温偏低会影响农作物正常开花授粉，空壳秕率增加；光照不足会影响灌浆速度，造成籽粒不饱满，影响产量。成熟收获期遭遇连阴雨，易造成落果或果实腐烂，同时成熟收获期拉长，可能出现穗部发黑、发芽等现象；收获进度缓慢还会影响后茬农作物播种移栽进度。播种移栽期遭遇连阴雨天气，会造成土壤墒情过大，不利于机械翻耕，易出现死苗烂种等现象。苗期农作物遭遇长时间阴雨天气，会造成生长缓慢、苗小苗弱、长势差。

复习思考题

1. 什么是连阴雨？
2. 浙江发生连阴雨一般在什么时候？
3. 连阴雨对农作物主要有什么影响？

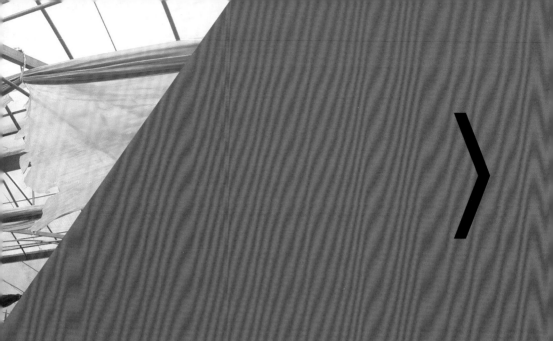

第二章　不同季节灾害性天气对农作物生长的影响

一年四季中，由于农业气候不同，发生灾害的类型、危害强度也不同，对各种农作物的影响也不同。因此，灾害发生时的应对措施也应该具有一定的针对性。

一、冬季

冬季（12月至翌年2月）出现的灾害性天气主要有连阴雨、低温冰冻、雪灾。

（一）主要影响

灾害性天气对不同农作物不同时期的影响不同，生长关键时期的农作物对外界环境敏感，受到的影响较大。冬季低温雨雪对处于花期和幼果期的枇杷影响较大，露天花果可能被冻死；大棚内蔬菜等农作物可能因保温性差或大棚破损遭受冻害或冻死，露天蔬菜被冻伤或冻死（见图2.1）；极端低温会造成油菜等越冬农作物受冻，生育期延迟。1—2月浙贝母进入鳞茎出芽期，幼芽出土后，低温天气易形成冻害。2月部分地区茶树新梢已经萌发，是

图2.1　茄子冻害

名优茶主产时期，霜雪影响巨大。但低温有利于杀死越冬虫卵，对处在非关键期的农作物有利。连阴雨天气对设施大棚蔬菜、枇杷等生长不利。长时间高湿寡照，造成农作物出苗率下降，部分蔬菜坐果率下降，出现落果、黄叶等现象，大棚内病害发生率上升；枇杷花穗腐烂，坐果率下降。同时，低洼地带湿渍较重，对越冬农作物生长不利。

（二）应对措施

冬季要特别注意灾害性天气对蔬菜、枇杷、油菜的影响，2月还

要注意对春茶、浙贝母的影响。低温冻害和连阴雨天气，易造成温室大棚内灰霉病、赤霉病、菌核病等病虫害发生，要注意及时保温防寒，通风降湿，病虫防治。冷空气来临之前，及时采收可上市的农作物，露地农作物可采取覆盖、熏烟、喷水等防范措施，大棚可通过增加棚膜来防寒保温，同时要做好温湿度管理，注意保温、降湿。白天及时做好通风换气，增加光照，夜间保温防寒，防止低温冰冻的危害，蔬菜、水果等农作物必要时可采取浮面覆盖保温（见图2.2）。如遇降雪，则要加强巡查，及时清理棚膜积雪，防止积雪压塌棚膜。连阴雨天气，要注意清沟排水，避免田间积水，农作物出现渍害。灾后，根据情况，受灾较轻的要加强管理，做好病虫害防治，薄肥勤施，尽快恢复植株长势，受灾较重的地区可在温度上升后重新改种或补种。

图2.2 果树保温

复习思考题

1. 冬季主要有哪些灾害性天气？
2. 冬季低温对农作物主要有什么影响？
3. 冬季低温有哪些应对措施？

二、春季

春季（3—5月）出现的灾害性天气主要有倒春寒、连阴雨、强降雨、冰雹、高温、干旱。

（一）主要影响

3—4月是春耕备耕的关键时期，但此时极易出现倒春寒，对农业生产影响较大。3—4月正值早稻开始播种育秧，油菜开花结荚，小麦抽雄开花灌浆，蔬菜进入夏季生产关键时期，杨梅、桃、梨处在花芽萌发期，枇杷处在幼果膨大期，葡萄正在抽梢，春茶采收正旺，浙贝母、元胡等中药材主要品种产新，西红花起球，杭白菊定植。倒春寒会影响早稻播种，导致秧苗烂秧，直播早稻死苗；冻伤冻死露天蔬菜，延迟上市时间；影响杨梅、桃、梨等花蕾和幼果发育，导致不开花、花而不实以及落果；造成茶树新叶发萎、芽头变紫，影响该轮春茶的品质和产量，严重的会造成茶树嫩枝冻死焦枯，造成此后春茶绝收；影响中药材的品质和产量。3—4月出现连阴雨天气会影响油菜开花结荚，小麦开花灌浆，造成部分开花期蔬菜落花，高湿环境还会加重病虫害发生。

5月易出现强降雨天气，部分地区或年份会出现冰雹或高温天气。此时，早稻处于幼穗分化期，即将进入抽穗扬花期；单季晚稻处于育苗移栽期，部分早播早栽的已进入分蘖期。汛期的持续降雨或强降雨易延误水稻栽插季节，同时造成田间缺苗倒苗、化肥流失、田间积水时间过长或水层过深阻碍水稻根系生长等问题，均不利水稻群体结构优化和个体健壮生长。5月，春大豆进入鼓荚期，夏大豆和甘薯处于播种期，部分油菜和小麦未收获，部分玉米已成熟，浙贝母进入采收期。温暖高湿的环境会使大豆炭疽病发病率上升，影响大豆品质。长期淹水会使种子发芽率下降，严重的会出现烂种。强降雨天气会降低成熟农作物采收的部分品质，同时造成采收困难。对设施大棚、露地蔬菜也会造成一定影响。此时枇杷处于成熟期，雨水过大，会降低其品质。特别是高温之后降雨，易造成浆果期的农作物裂果。5月若出现异常高温天气，则会加速蔬菜生长，造成蔬菜提前上市，蔬菜品质也受到影响，造成蔬菜销售价格下跌。葡萄、枇杷等可能发生日灼、气灼现象。"红美人"柑橘品种由于其特殊性，受长时间异常高温影响，落果率升高。高温会导致非洲菊花量减少，花期变短。

（二）应对措施

春季要重点做好倒春寒和强降雨天气的应对。寒潮来临之前，做好保温措施，重点做好油菜、小麦、蔬菜、食用菌、中药材和花卉等清沟排渍，加固大棚，做好农作物育苗保温、地热、降湿等工作。切实抓好果树、茶树、桑树等防冻保温工作，积极采取培土保温、树干涂白、适当熏烟和地面覆盖等措施，提高土壤温度，保持土壤湿度，防止树体受冻，特别是要加强幼龄果园、茶园、桑园防冻管护。低温过后，若农作物已遭受冻害，则可根据实际情况，补苗、补种或改种其他农作物，同时加强田间管理，科学施肥，防治病虫害。树体受冻后，要视天气和温度情况，适时适度修剪，喷施叶面肥，加强病虫害防治。

强降雨天气，要做好清沟理渠工作，保持沟渠畅通，及时排除田间积水，防止渍害。遇到暴雨田间积水严重时，要用抽水机抢排。对易受淹田地和不耐涝的农作物，要及时抢收有上市价值的农作物，减少因灾损失。灾后及时扶理植株，摘除残枝病叶。针对不同受灾品种和不同危害程度，选择安全对口的药剂抢晴用药，并注意农药的轮换使用和合理搭配，严格执行农药的安全间隔期标准。同时，结合防治病虫害，进行根外施肥和生长调节，促进农作物恢复。对受灾较重需要补种或改种的农作物，要及时清洁地块，进行土壤消毒，对植株残体等要进行无害化处理和综合利用，合理安排下茬农作物。

复习思考题

1. 春季主要有哪些灾害性天气？
2. "倒春寒"对农作物主要有什么影响？
3. 春季对"倒春寒"天气有哪些应对措施？

三、夏季

夏季（6—8月）出现的灾害性天气主要有梅雨、台风、暴雨、高温干旱等。

（一）主要影响

浙江梅雨天气通常从6月上旬到中旬开始，7月上旬到中旬结束，其间会出现连阴雨天气，降水偏多，气温高，日照不足；偶有年份出现气温偏低的"冷黄梅"。7—8月受台风影响概率增大，浙江常年有3~4个台风影响，台风往往伴随着强降雨和大风。夏季持续性高温天气也较为普遍。

梅雨、台风、暴雨均会造成田间积水湿渍，影响农作物的生长，特别是6月单季晚稻移栽，会造成进度受阻，生育期推迟。7、8月台风则会影响早稻正常收获甚至减产绝收，连作晚稻秧苗被冲毁，旱作倒伏减产。夏季是松花菜、花椰菜、甘蓝等秋季十字花科蔬菜、秋季茄果类、瓜类蔬菜以及秋豇豆、四季豆等播种育苗的时期，西瓜、黄瓜等开始成熟收获。田间积水，长期渍害，会降低出苗率，影响移栽进度，严重的造成烂种死苗，降低（近）成熟蔬菜的品相和产量。夏季也是葡萄、桃、梨、杨梅等水果成熟季节，暴雨会造成异常落果，果实品质下降，产量降低。铁皮石斛正处在生长期时，若长期淹水，会枯黄，甚至死亡。菊花、白术等药材渍害下易烂根。梅涝天气易造成非洲菊花蕾及心叶霉烂。

7—8月，早稻开始灌浆结实，逐渐进入成熟收获期，连作晚稻处于育秧插秧期，单季晚稻处于分蘖拔节期。持续高温天气会影响水稻正常幼穗分化和受精结实，导致花粉败育、受精受阻，造成空秕率增加、结实率下降、千粒重降低，从而影响水稻产量。干旱缺水会影响部分连作晚稻移栽，影响单季晚稻正常生长，减少产量。此时也是当年定植非洲菊的苗期和多年生非洲菊的花期，气温高于35℃时，非洲菊停止生长。夏季是很多水果成熟的季节，也是夏茶生产季节，在桑树夏叶秋叶生产期，高温会引起日灼病，造成叶芽萎凋、生长缓慢，叶片萎蔫、黄化脱落。6—8月是香菇、黑木耳等食用菌生产的关键时期，此时正处于接种、制棒和养菌时间。高温对食用菌生产影响巨大，会导致菌丝死亡，菌棒烧菌腐烂，同时增加了感染杂菌的风险。

（二）应对措施

夏季要重点关注涝灾风灾和高温干旱带来的影响。对台风、暴雨等引起的涝灾风灾，应及时抢收已经成熟或即将成熟的农作物，减少因灾损失；加固大棚，修补棚膜；疏通沟渠，确保排水畅通。灾后尽快做好排水工作，修复受损设施（见图2.3），扶理植株，清洗污泥，清除病株、病叶、老叶等，改善通风，中耕松土，加强病虫害防治，进行根外施肥，促进农作物恢复。如已造成不可逆的损失，尽快补种、改种。应对高温干旱方面，有条件的地方使用遮阳网、喷淋设施、滴灌喷灌等，做好灌溉施肥管理，科学用水，灌溉宜在高温天气的早晨、夜间低温时进行，薄肥勤施，必要时可叶面追肥。高温干旱易引发各类病虫害，需加强病虫害的防治工作。

图2.3　修复排水泵站

复习思考题

1. 夏季主要有哪些灾害性天气？
2. 高温对农作物主要有什么影响？
3. 对夏季灾害性天气有哪些应对措施？

四、秋季

秋季（9—11月）出现的灾害性天气有连阴雨、台风、暴雨、阶段性高温、干旱、冷空气等，影响最为频繁的是连阴雨和台风。

（一）主要影响

秋季，水稻进入成熟收获期，小麦、油菜开始播种出苗，茄果类、瓜类蔬菜先后播种育秧，柑橘、猕猴桃等水果进入成熟期，前胡等中药材陆续进入产新期，食用菌处于生产关键时期。

连阴雨天气会影响秋季农作物成熟和秋收冬种进度。晚稻进入灌浆成熟期，阴雨寡照天气不利于晚稻成熟，若气温偏低，还会影响灌浆速率，造成灌浆不充分，降低产量和品质。此外，连阴雨天气还不利于晚稻的收割晾晒，甚至出现穗上发芽和霉变现象。秋季是油菜、小麦等冬种农作物播种期，茄果类、瓜类蔬菜也开始播种育苗，持续阴雨寡照造成田间积水，不利于土地翻耕，影响播种进度，适当降水有助于出苗，但降水过多会形成渍害，降低出苗率。同时还会造成农作物生长缓慢，病虫害发生风险增大。

9—10月还会受到台风影响。台风会吹毁棚膜，严重的造成棚架倒塌，压毁棚内农作物，引起晚稻等农作物倒伏，成熟的柑橘、猕猴桃等落果，食用菌受到污染等。台风会带来暴雨，短时间内降水量激增，造成涝灾，蔬菜瓜果受淹，造成减产或绝收（见图2.4）。入秋后，山茱萸、铁皮石斛、前胡等中药材陆续进入产新期，台风会直接影响产量品质，经济

图2.4 蔬菜地淹水

损失巨大。

秋季干旱会阻碍小麦、油菜等播种，造成移栽困难，蔬菜长势偏差，柑橘果实偏小、部分品质下降。秋季旱热会影响秋茶生产，造成茶树叶片变黄、局部出现叶片干焦、脱落。

（二）应对措施

秋季要重点做好台风和连阴雨天气的应对措施，同时要警惕干旱、高温带来的影响。台风前要对大棚等生产设施进行检修加固，揭去大棚薄膜，幼树苗木要立支柱。台风后要及时疏通沟渠，及早排水，修复受损设施，扶正倒伏植株，加强田间管理，清除病株、病叶、老叶等，防治病虫害，进行根外施肥，促进农作物恢复。对受灾较重的田块及时补种或改种。

对于干旱、高温天气，可在早晨或傍晚引水沟灌，水不上畦，任其自然渗透。也可采用喷灌、滴灌等节水方法灌溉，缓解旱情。采用浮面覆盖，将秸秆、遮阳网等直接盖于植株上进行覆盖，减少土壤水分蒸发。可搭高棚覆盖，将遮阳网、茅草或稻草编织成的草帘覆盖其上。同时在早、晚时分用叶面肥对农作物进行叶面喷雾补肥，减缓叶片失水，增强抗旱抗逆能力。有条件的可进行滴灌追肥。对于已经成熟的农作物，应及时采收，做到应收尽收，减少农业损失。

🌧️ **复习思考题**

1. 秋季主要有哪些灾害性天气？
2. 连阴雨天气对农作物主要有什么影响？
3. 干旱高温有哪些应对措施？

第三章　科学避灾及农业保险

　　低温冻害、冰雹、干旱、高温、暴雨洪涝、热带气旋（台风）等灾害来临时，可采取相应措施，避免或降低灾害对农作物的影响，减少农作物的损失。政策性农业保险是各级政府通过保费补贴等政策扶持，对种植业、养殖业、林业等因遭受自然灾害和意外事故造成的经济损失提供的直接物化成本保险，但有相应的参保程序要求。

一、科学避灾

（一）低温冻害

低温冻害是较为常见的一种气象灾害。技术措施和农业设施的推广应用，在一定程度上降低了农作物受灾的概率，但由于农作物布局、品种安排、措施实施不到位等因素，受灾风险依然存在。

低温冻害的避灾措施如下。

1. 科学选用品种

越冬农作物要做好品种布局，易发生低温冻害的地区要选用抗寒品种，特别是高海拔山区。早春霜冻高风险地区，水稻、玉米等可选择早熟品种，茶树可增加中晚生品种的比例。

2. 避开低温时期

根据品种特性和气候规律，合理安排播种期。水稻、番薯等尽量做到初霜来临成熟收获。

3. 改善局部小气候条件

露地农作物在寒潮来临之前，可采用灌水覆草的方式。沟内灌水可提高抗寒力；如灌水困难，可以改为浇肥水，然后再于地面覆草覆膜，起保温作用。有喷灌设施的地块可直接喷水防寒。还可采用熏烟方式，在寒潮来临前夜用杂草、木屑、秸秆等点火燃烧，形成烟雾，以减少辐射散热，从而减轻冻害的发生（见图3.1）。还可在低温来临前喷施保温剂，抑制蒸腾作用，减少热能消耗。可喷施磷肥或叶面肥，减轻低温冷害的危害。茶园还可通过设置防护林、隔离树、行道树，在茶园内部配置遮阴树、绿肥，与茶树形成乔灌草三层生态结构的方式，达到防风防霜的效果。

棚内有农作物的大棚，要做好大棚的加固措施，及时拉好压膜线，加固大棚，检查棚膜有无破损并及时修补，如遇大雪，也可在棚

图3.1　果树保温

内设立支柱，及时清理棚膜上的积雪，防止雪厚压塌大棚。棚内无农作物的大棚可将塑料薄膜撤掉。寒潮来袭，可在大棚上加盖塑料膜、遮阳网、草帘或保温被等。还可根据农作物高矮，在棚内设置小拱棚。同时，做好大棚内温度、湿度管理，要注意保温、降湿，白天及时做好通风换气，增加光照，夜间保温防寒。加强病虫害综合防治，必要时选用针对性农药抢晴天进行喷防，同时及时清除枯枝黄叶、病叶、病果，并移出棚外。

（二）冰雹

冰雹的避灾措施如下。

1. 及时发布预报信息

气象部门要增强对冰雹预测的准确性。有条件的地区可进行人工消雹。

2. 改善空间结构

高大的树木可减缓冰雹下落速度，减轻农作物受灾程度。根据农作物特性，可通过改善空间结构，达到防灾减灾的目的。

3. 避开冰雹高发期

选择种植抗冰雹能力强和恢复能力强的农作物，或通过丰富农作物的种植类型，或调整好播种期，尽量避开冰雹高发期，达到减少损失的目的。

4. 及时抢收

对已经成熟的农作物，在冰雹来临之前应进行抢收。

5. 灾后补救

冰雹过后要及时采取补救措施。清沟排水，避免二次冻害。对受灾程度轻、可恢复生长的农作物，要加强田间管理，摘除残叶，增施速效性肥料，做好病虫害的防治工作。对受灾程度重、不可恢复生长的农作物，要及时改种其他农作物。

（三）干旱

干旱在浙江地区发生较为普遍，并且具有明显的区域性。

干旱的避灾措施如下。

1. 加强灌溉设施建设，推广节水技术

对易发生干旱的地区，应给予政策和资金上的倾斜，建设灌溉设施。发挥好水利设施在应对旱灾时的作用，合理调配水源，科学灌溉，优先需水关键期的农作物。积极推广节水技术，滴灌、喷灌等方式可在满足农作物需水的同时，有效减少用水量。此外，细流沟灌和地下管道渗水灌溉可节省大量用水。

2. 把握干旱规律和高发地区，合理调整农业结构

干旱主要发生在夏秋两季，可调整春播农作物的播种时间，避过农作物需水的敏感时期；秋播农作物时，要密切关注天气变化，抢墒播种，确保出苗率。干旱高发地区可种植抗旱性较强的农作物或品种，合理调整种植结构，减轻旱灾损失。

3. 加强田间管理，提高农作物抗旱能力

浅耕培土、铲除杂草可避免杂草争抢水分，同时切断土壤毛细管，减少水分的地面蒸发。合理利用抗旱剂和保水剂，适时喷施叶面肥，补充营养，增强农作物抗旱能力。旱情结束后，酌情补施追肥，促进农作物恢复生长。

（四）高温

高温的避灾措施如下。

1. 科学浇水，提高农作物抗高温能力

干旱与高温同时发生时，及时浇水是最有效的措施。当气温较高时，土壤失墒快，要及时灌溉补墒，保障植物代谢所需水分，但要避开午后强光、高温时间段，以防伤害农作物。

2. 借助设施设备，降低温度

对有条件的地区，加盖遮阳网，可有效降低光照强度，降低温度，防止叶片灼伤。塑料大棚要注意通风，温室大棚可开启湿帘降温。秋季高温，强光照来临前，对可直接照射的水果果实，可在向阳面贴耐雨水冲淋的白纸，也可对柚和脐橙等大果类果实进行套袋。

3. 喷施调节剂，合理追肥

适当使用生长调节剂，防止落花落果，提高农作物抗逆性。喷施微肥或叶面肥，不仅降温增湿，还补充了农作物生长发育必需的水分和营养元素，促进了农作物的代谢，提高了抗高温能力。

（五）暴雨洪涝

1. 修建排水沟，并保持通畅

修建排水沟，避免田块积水，是应对暴雨的重要措施。在阴雨天气，应多到田间查看，发现排水沟堵塞或排水不畅，要随时清沟排水或增开排水沟，保持园内沟渠排水畅通，做到雨停后迅速排干积水，以避免蒸热灼伤农作物（见图3.2）。对于在山地种植的农作物，要修好防洪沟，挖好保水

图3.2　蔬菜遭受洪涝灾害

沟；防止山洪暴发，减少水土流失。

2. 改善土壤结构，减弱保水性

通过增施有机肥、绿肥，适时中耕松土等措施，改善土壤结构，削弱土壤保水性，提高土壤的通透性，可减轻根系的缺氧程度。

3. 灾后松土追肥，防控病虫害

适时松土追肥，受淹后土壤易出现板结，引起根系缺氧。因此，在退水后，当 地表土基本干燥时要及时松土。受淹后合理施用肥料，促进根系恢复。暴雨洪涝过后，病虫害往往有加重趋势，要注意及时防治。

（六）热带气旋（台风）

台风到来时往往伴随着强降雨和大风（见图3.3）。暴雨洪涝的措施已在前面提到，不再赘述。

1. 调整播期，避开台风高峰时间段

台风在浙江主要集中在7—9月。农作物在种植时，要合理安排播种期，避免这个时间段处在生长关键期。台风来临之前，抓紧抢收已经成熟的农作物。

2. 营造防风带，优化树形

易发生台风的地区，可在迎风面营造防风林带；没有防风林带的地区，可在迎风面悬挂尼龙网以降低风力和风速。果树、桑树等可通过整枝修剪和优化树形，提高树木自身的抗台风能力。台风来临前，可将树枝结缚成束，树体立支柱和培土加固，以减轻风害。

图3.3　台风后甘蔗倒伏

3. 检修加固大棚

台风来临之前，要检修加固大棚，增加压膜线，尽量选择张力好的棚膜。密切关注台风发展态势，必要时，可拆掉塑料膜，避免大棚折断。

4. 灾后及时扶正，加强田间管理

台风过后，倒伏的农作物要及时扶起、培土施肥，促使新根迅速下扎。植株折损，易遭受病虫害侵染，要及时喷施药剂，并补施肥料，促进农作物恢复生长。

复习思考题

1. 低温冻害发生前怎样改善局部小气候条件？
2. 怎样加强田间管理提高农作物抗旱能力？
3. 怎样修建排水沟以减轻暴雨洪涝影响？

二、农业保险

（一）浙江省政策性农业保险

目前浙江省政策性农业保险险种共有89个，分为享受中央、省、地方三级财政补贴的中央险种（9个），享受省、地方两级财政补贴的省级险种（13个）和享受地方财政补贴的地方特色险种（67个）三类。

享受中央、省、地方三级财政补贴的9个中央险种分别是水稻、水稻制种、小麦、油菜、生猪、能繁母猪、奶牛、林木火灾、林木综合（见表3.1）；享受省、地方两级财政补贴的13个省级险种分别是大麦、大棚、棚内蔬菜、露地蔬菜、大棚西瓜、露地西瓜、葡萄、柑橘树、鸡、鸭、鹅、淡水养鱼、稻田养鱼（见表3.2）；享受地方财政补贴的地方特色险种有67个，其中有23个享受省级财政以奖代补，如茶叶、食用菌、杨梅、水蜜桃等（见表3.3、表3.4）。

表3.1 政策性农业保险保险金额、费率和保费补贴比例汇总表（不含宁波）（一类险种）

序号	险种	保险金额（元/亩、株、头、羽）	基础费率（一年期）	中央财政补贴比例		省财政补贴比例		县财政补贴比例		农户自负比例
				一般地区	丽水等29个财政相对困难地区	一般	丽水等29个财政相对困难地区	一般	丽水等29个财政相对困难地区	
1	水稻	600/900/1000	5.00%	35%	35%	32%	48%	26%	10%	7%
2	小麦	600	3.75%	35%	35%	32%	48%	26%	10%	7%
3	水稻制种	2200	10.00%	35%	35%	32%	48%	26%	10%	7%
4	油菜	500	3.00%	35%	35%	30%	45%	25%	10%	10%
5	生猪（A、B款）	900/1200（种猪1500）	4.50%	40%	40%	20%	35%	25%	10%	15%
6	能繁母猪	1500	6.00%	40%	40%	20%	40%	30%	10%	10%
7	奶牛	2000~6000	6.00%	40%	40%	18%	27%	27%	18%	15%
8	商品林火灾	200~800	0.10%	30%	30%	18%	27%	27%	18%	25%
	公益林火灾	450	0.10%	50%	50%	20%	40%	30%	10%	0%
9	林木综合	200~1000	0.60%、0.80%	30%	30%	18%	27%	27%	18%	25%

表3.2　政策性农业保险保险金额、费率和保费补贴比例汇总表（不含宁波）（二类险种）

序号	险种	保险金额（元/亩、株、头、羽）	基础费率（一年期）	省财政补贴比例		县财政补贴比例		农户自负比例
				一般地区	丽水等29个财政相对困难地区	一般地区	丽水等29个财政相对困难地区	
1	大麦	600	3.75%	50%	68%	43%	25%	7%
2	蔬菜大棚	按实际价值（按投保时的重置价扣除年折旧额确定）	主险：1.00%～6.00%、0.60%～4.80%(竹架、水泥柱、网式、单体钢架、连栋钢架、温室钢架) 附加险：10.00%、6.00%(薄膜)，2.00%、1.20%(透明覆盖物)，1.00%、0.60%(玻璃)	28%	42%	42%	28%	30%
3	棚内蔬菜	叶菜类400～1800 非叶菜类1000～2400 多年生蔬菜1600～3300	6.00%	28%	42%	42%	28%	30%
4	露地蔬菜	叶菜类200～900 非叶菜类900～1800	6.00%	28%	42%	42%	28%	30%
5	大棚西瓜	600～1500	7.50%	28%	42%	42%	28%	30%
6	露地西瓜	300～500	7.50%	28%	42%	42%	28%	30%
7	葡萄	1000～3000	6.00% 8.00%	28%	42%	42%	28%	30%
8	柑橘树	1000，2000～4000	4.00%	30%	45%	45%	30%	25%
9	鸡	肉用鸡6～10、蛋鸡20、散养肉鸡20 种鸡、蛋鸡20～40 快大型鸡6～10	4.00% 5.00% 1.40%	26%	39%	39%	26%	35%

续表

序号	险种	保险金额（元/亩、株、头、羽）	基础费率（一年期）	省财政补贴比例		县财政补贴比例		农户自负比例
				一般地区	丽水等29个财政相对困难地区	一般地区	丽水等29个财政相对困难地区	
10	鸭	肉用鸭7～9 种鸭和蛋鸭20～40	4.00% 5.00%	26%	39%	39%	26%	35%
11	鹅	肉用鹅30、种鹅70	3.00%、4.00%	26%	39%	39%	26%	35%
12	淡水养鱼	每亩保额按亩产和单价确定（产量不超正常亩产80%，单价不超成本80%）	4.00%（主险）2.00%（附加险）	24%	36%	36%	24%	40%
13	稻田养鱼	500、800、1000	4.00%	24%	36%	36%	24%	40%
14	叶菜价格指数保险（新冠疫情期）	青菜的每亩保险金额为3000元；小白菜的每亩保险金额为2400元	8.00%	40%	50%	50%	40%	10%（其中共保体捐赠5%）

表3.3 政策性农业保险保险金额、费率和保费补贴比例汇总表（不含宁波）（三类险种）

序号	险种	费率	补贴比例	保险金额（元/亩、株、头、）	开展地区	开展时间	主承公司
1	食用菌种植保险（香菇）	3.0%	60%	1.7/袋	庆元、松阳	2013	人保、中华联合
2	食用菌种植保险（黑木耳）	10.0%	60%	1.5/袋	丽水	2013	人保、中华联合
3	蚕养殖保险	2.0%～7.0%	80%～100%	600～800	湖州、嘉兴	2013	人保
4	芦笋价格指数保险	7.0%	70%	10480（三季）	长兴	2014	人保
5	生猪价格指数保险	1.0%	60%	猪粮比5.4×约定玉米批发价×约定单猪均重	衢江	2014	人保
6	水蜜桃种植保险	6.0%、6.5%	70%～80%	2000	南湖、上虞	2015	人保
7	蘑菇种植保险	3.0%～3.6%	80%	3/平方尺	平湖	2015	人保
8	茶园种植保险	5.0%、8.0%	60%	6600	莲都	2015	人保
9	茶叶低温气象指数保险	2.0%～17.0%	40%～90%	1500～3000	39个县（市、区）	2015	人保、大保、安信、国寿财
10	杨梅采摘期降水气象指数保险	3.0%～15.0%	40%～75%	2000	18个县（市、区）	2015	人保、大保
11	湖羊养殖保险	2.0%、4.0%	70%	600～2000	7个县（市、区）	2015	人保
12	草莓种植保险	6.0%	60%	3000/5000	建德	2016	人保
13	生态鳖养殖保险	4.0%	70%	25000	德清	2016	人保
14	青蟹养殖保险	8.0%	60%	3000	三门	2016	人保
15	花卉苗木种植保险	1.0%	70%	3000～8500	柯桥、椒江	2016	人保
16	浙贝母种植保险	5.0%	60%	13000	磐安	2016	人保
17	枇杷低温气象指数保险	10.0%～12.0%	50%～70%	3000	永嘉、兰溪、余杭	2016	人保、大保、安信

续表

序号	险种	费率	补贴比例	保险金额（元／亩、株、头、）	开展地区	开展时间	主承公司
18	蜜梨种植产量保险	6.0%	80%	3000、5000	秀洲区、嘉善	2017	人保
19	大棚铁皮石斛种植保险	4.5%（附加险3.6%）	50%～85%	5000/15000/20000	乐清	2017	人保
20	杭白菊采摘期降水指数保险	15.0%	90%～95%	2000	桐乡	2017	人保
21	皇菊采摘期低温气象指数保险	14.0%	70%	3000	青田	2017	人保
22	油茶低温气象指数保险	8.0%～15.0%	70%	2000	常山、龙泉、青田	2018	人保、太保
23	黄桃种植保险	7.0%	80%	3000/5000	嘉善	2018	人保

表3.4　政策性农业保险保险金额、费率和保费补贴比例汇总表（不含宁波）（四类险种）

序号	险种	费率	补贴比例	保险金额（元/亩、株、头、羽、千克）	开展地区	主承公司
1	梨种种植保险	6.00%~7.50%	60%~80%	2000、3000、4000	海宁、义乌、南湖	人保
2	甘蔗种植保险条款	5.00%	80%	1500	黄岩、温岭、瑞安	人保
3	糖果蔗种植保险	5.00%	60%	2000	义乌	人保
4	春茶收益保险	8.00%	50%	2000	金华	大保
5	高山蔬菜种植保险	8.00%	80%	1000/1500	天台、黄岩	人保
6	大棚瓜果保险	6.00%	50%	8000	海盐	人保
7	叶菜成本价保险	10.00%	90%	980~1500	绍兴	人保、大保、安信
8	叶菜零售价保险	10.00%	90%	2500	杭州	人保、大保
9	农业机械综合保险	1.00‰~4.00‰	50%~70%	3万~53万/台	全省	人保、安信
10	两头乌猪目标价格保险	5.00%	70%	2000、3000	金华	大保
11	黄牛养殖保险	5.00%	85%	7000	天台	人保
12	水稻种植补充保险	5.00%	60%	200~500	余杭	人保
13	新型农业经营主体综合保险	1.25%~18.00%	60%~80%	自由组合产品，因品种、收益等不同	衢州、杭州	安信
14	蜜梨风力指数保险	7.00%	50%	3000	余杭	安信
15	大棚薄膜保险	4.00%	50%		衢州	人保
16	鲜桃产量保险	4.00%	40%	2000~6000	杭州	安信
17	山核桃降雨指数保险	7.00%	70%	2000	临安	安信
18	莲子种植保险	6.00%	60%	600~1500	龙游	人保
19	菱白种植保险	6.00%	50%	3000	新昌	人保
20	柑橘果种种植产量保险	4.00%	75%	4000	黄岩、椒江	人保

续表

序号	险种	费率	补贴比例	保险金额（元/亩、株、头、羽、千克）	开展地区	主承公司
21	羊养殖保险	2.00%	50%	600~1200	诸暨	人保
22	猕猴桃种植保险	6.00%~8.00%	65%~70%	3000~4000	义乌、江山	人保
23	生姜气象指数保险	8.00%~10.00%	80%	3000/5000/7000	南湖	人保
24	蜜蜂养殖保险	5.00%	85%	800	大江东	人保
25	蓝莓种植保险	10.00%	70%	3000	建德	人保
26	蚕茧目标价格保险	6.00%	70%	1500	南浔	国寿财
27	葡萄价格指数综合保险	10.00%	60%	24000	浦江、长兴	人保
28	毛竹价收购价格指数	10.00%	75%	250	安吉	人保
29	青鱼养殖保险	4.00%	64%	20400	秀洲	人保
30	甜瓜种植保险	4.00%	60%	3000	椒江	人保
31	雪梨花期气象指数保险	7.00%	70%	1000~2500	云和	人保
32	清水鱼养殖保险	8.00%	80%	20	开化	人保
33	池塘循环流水淡水鱼养殖	4.00%	70%	140万/户	余杭	安信
34	高价值林木综合保险	0.23%	100%	54166	平湖、磐安	大保
35	杨梅价格指数保险	10.00%	75%	4800	文成	人保

续表

序号	险种	费率	补贴比例	保险金额（元/亩、株、头、羽、千克）	开展地区	主承公司
36	香榧高温干旱气象指数保险	14.00%	50%	1500~3000	诸暨	人保
37	湖羊价格保险	1.00%~7.00%	70%	湖羊平均毛重×保险价格×保险数	桐乡	人保
38	中蜂养殖保险（扶贫专用）	5.00%	90%	500~600	开化	人保
39	雪梨果实种植产量保险	7.00%	70%	2500	云和	人保
40	温郁金种植保险	5.00%	70%	最高不超过3000	洞头	人保
41	温栀子鲜果目标价格保险	6.60%~11.40%	70%	1500	平阳、泰顺	太保
42	两头乌养殖扩展保险	4.50%	20%	不高于1000	金东	人保
43	枇杷种植保险	10.00%	70%	3000	乐清	人保
44	"红美人"柑橘价格保险	7.00%	60%	每亩保险金额=约定每亩产量（千克/亩）×保险合同约定价格 P0（元）保险柑橘约定优质优商品果3500	黄岩	人保

（二）政策性农业保险参保程序

农业企业、专业合作社、家庭农场和农户参加政策性农业保险，如果在集中投保期，可参加基层有关部门集中组织的参保；如果在分散投保期，须自行申请。

1. 集中投保期

由当地基层政府与当地农险经办机构进行协调，明确组织发动工作流程。一般流程如下：由当地基层政府对符合参保的对象进行调查摸底，并做好政策解读、舆论宣传等工作，保险机构会同相关部门进行宣传发动，使农业企业、专业合作社、家庭农场和农户掌握政策、保险条款、费率和参保理赔程序等有关内容。

当地农险经办机构会同基层有关部门进行参保资料统计核对、组织农业企业、专业合作社、家庭农场和农户填写投保单、收讫保费（投保单位或农民承担部分）等工作，并出具保险单和发票（或收据凭证）。为方便农业企业、专业合作社、家庭农场和农户，可以分片到乡镇及企业进行现场集中投保。

2. 分散投保期

由农业企业、专业合作社、家庭农场和农户自行向当地农险经办机构提出投保要求，就近向保险服务站、办事处或保险服务代理员提出申请。

农业企业、专业合作社、家庭农场和农户在投保之前要对参保内容有足够的了解，并妥善保管加贴保险条款的保险单和发票（或收据凭证），通过农业生产经营组织或以村、乡为单位统一组织投保的，还要制定分户投保清单，详细列明分户信息并签字确认，作为今后理赔的依据。

复习思考题

1. 目前浙江省有哪些政策性农业保险?
2. 什么是集中投保期?
3. 什么是分散投保期?

第四章 重点农作物防灾减灾

本章主要介绍粮油类、蔬菜类、果树类、茶桑类、食用菌类、中药材类和花卉类七大类共15种农作物的防灾减灾技术，按农作物生长月历和可能发生的灾害性天气、灾害性天气对农作物生长的影响，应对措施及农作物防灾减灾技术明白图三大版块阐述。

一、粮油类

（一）水稻

1.水稻生长月历及可能发生的气象灾害

浙江地处长江下游，属于暖温带至亚热带季风气候，稻作类型复杂，具有多样性的种植制度。浙江地区水稻品种多样，早、中、晚熟的籼、粳、糯三稻齐全，形成了以单季稻为主、双季稻为辅的多熟制生产格局。水稻的生育期一般在100~180天，一年中从3月至11月底田间基本都有水稻生长。浙江省早稻播种一般在3月底至4月初，连作晚稻在6月下旬至7月初，单季晚稻在5月中旬至6月上旬。表4.1以早稻、连作晚稻、单季晚稻的生长月历为例进行说明。

2.气象灾害对水稻生长的影响及对策

（1）低温冻害。

①发生时间：低温冻害一般发生在3—4月和10—11月，通常发生在早稻育苗期、返青期和晚稻的乳熟期、成熟期。

②危害症状：春季低温阴雨，尤其是倒春寒，对早稻播种育秧有着很大影响，会造成早稻秧苗烂秧、直播早稻田死苗等情况。水稻苗期遭遇低温冻害，主要表现为烂种、烂秧、死苗，造成水稻整个生育阶段推迟，有效分蘖减少（见图4.1）。乳熟期、成熟期遭遇低温冻害对晚稻的影响较弱。

③预防对策：一是提高育秧温度或推迟播种。移栽早稻育秧要覆盖小拱棚膜保温，防治秧苗冷害。有条件的地方可以考虑大棚育秧或玻璃温室育秧，提高抗寒能力。直播早稻可以适当推迟播种，等灾害性天气过去以后抢晴播种。二是灌水护苗。在低温来临前，育秧田可短时灌深水护苗。若伴有较长时间降水，要及时清理沟渠，防止田间积水过多。三是喷施保温剂。低温来临前喷施保温剂，在水稻茎叶上形成小块膜状物覆盖气孔，可以抑制蒸腾，减少热能消耗。四是喷施

表4.1　水稻生长月历及可能发生的灾害性天气

月份	3月			4月			5月			6月			7月			8月			9月			10月			11月		
	上旬	中旬	下旬	上旬	中旬	下旬	上旬	中旬	下旬	上旬	中旬	下旬	上旬	中旬	下旬	上旬	中旬	下旬	上旬	中旬	下旬	上旬	中旬	下旬	上旬	中旬	下旬
早稻生育期			播种期	育苗期	移栽期		返青期	分蘖期		拔节期	孕穗期	抽穗期	灌浆结实期		成熟期												
连作晚稻生育期								播种期		育苗期		移栽期				分蘖期	拔节期	孕穗期			抽穗期	灌浆结实期			成熟期		
单季晚稻生育期								播种期		育苗期	返青期		分蘖期		拔节期		孕穗期	抽穗期					灌浆结实期			成熟期	
敏感条件			温		温、水、肥		温、水			温、水、肥		温、水		温、水、肥						温、水							水
可能发生的灾害性天气　灾害天气危害等级　台风					★★			★			★★			★★★			★★★			★★			★★			★	
洪涝								✓			✓			✓			✓			✓			✓				
高温														✓			✓										
干旱														✓			✓			✓			✓				
低温冻害		✓			✓																		✓			✓	
冰雹																											

图4.1 水稻秧苗受低温冻害

磷肥或叶面肥。在秧苗叶面上喷施磷肥或者叶面肥，减轻低温冷害的危害。

④恢复措施：一是冻害较轻的水稻。已移栽大田，低温影响较小的及时追施薄肥，促进快速恢复生长。二是冻害严重的水稻。影响严重的，要抓紧补播或调运救济秧苗，或改直播早稻，错过早稻播种适期是无法补救的，故应及时改种其他农作物。

（2）洪涝。

①发生时间：洪涝一般出现在5—7月，集中在早稻分蘖后期至成熟期，连作晚稻处于育秧阶段，单季晚稻处于苗期、分蘖期、拔节期等营养生长阶段。早稻分蘖后期至成熟期遇到洪涝灾害，对其正常生长发育和产量造成较大的影响。连作晚稻由于其正处于苗期，受到影响不大；单季晚稻如分蘖期长时淹水，会影响其生长速度，对产量也有一定的影响。

②危害症状：一是苗期。苗期水稻遭受洪涝灾害后，排水后数天即能恢复生长，只有部分叶片干枯。二是分蘖期。该时期淹水时间越

长，其生长速度越慢，对产量有一定的影响。三是拔节期。水稻从拔节期开始进入生殖生长时期，该时期尤其是幼穗分化期的水稻，若处于淹水环境下，容易导致幼穗不能抽出，以后容易发生高节位分枝，能抽穗，但不结实。四是孕穗期。该时期淹水会抑制幼穗发育，造成稻穗不结实。五是抽穗期。抽穗开花期淹水，水稻花粉会受到影响，形成空穗。六是乳熟期。该时期遇到洪涝水淹，会影响灌浆，千粒重减低，米质变差（见图 4.2）。

此外，水稻长期处于淹水环境会对其生长发育产生较大的影响。首先是根系严重受损，出现黑根、黄根，严重的可以导致部分根系死亡。其次是植株死亡。受涝水稻最先死亡的是淹没在水中的叶片，之后随受淹时间延长，分蘖、主茎及分蘖节相继死亡，造成缺穴。再次是生长量下降，受灾后长出的叶片叶面积变小，植株高度下降；同时，高位分蘖增多，严重洪涝灾害后存活的水稻甚至会在伸长茎节上长出分枝。最后是生育期推迟，抽穗期延长；穗数不足，穗头变小，产量下降。

图4.2　水稻长期淹水后倒伏

③恢复措施：一是排除积水。抓紧疏浚农田沟渠，开好排水沟，防止水稻受淹。若梅涝期强降雨导致水稻田受淹，则要及时组织力量，开启排水设施，降低外围水位，及时排除田间积水，减轻涝渍危害。但要适当保留浅水层，防止雨后遇到高温出现高强度的叶面蒸发，导致植株生理失水而枯死。二是清水洗苗。受淹严重的水稻田退水后，要抓紧时间清洗叶片，最好使用喷雾器，喷去沾在叶片上的泥沙，以恢复叶片正常的光合机能，促进植株恢复生长。三是追施肥料。水稻受淹期间，营养器官受到不同程度损害，积水退后植株重新恢复生长，需要大量的营养，然而排水后肥料流失较多。因此，排除积水后，要根据苗情长势及时追肥，肥料种类以速效氮肥为主，并配合施用磷、钾肥。早稻可喷施高效叶面肥，促进植株尽快恢复生长。四是防治病虫害。重点关注水稻细菌性病害、纹枯病、稻纵卷叶螟等，山区、半山区及感病品种关注稻瘟病发生。五是抓紧补种。对长时间淹水秧苗死亡的田块和水毁田块，要组织调剂水稻秧苗，抢时间补种早、中、晚熟稻品种，弥补洪涝灾害损失。

（3）台风。

①发生时间：台风灾害一般发生在7—10月，通常发生在早稻成熟期、连作晚稻苗期至乳熟期、单季晚稻分蘖期至乳熟期。台风不仅会造成水稻倒伏，同时大范围强降雨会造成水稻田受淹，严重影响晚稻产量，需要十分重视。

②危害症状：一是洪涝淹水易倒伏。受大风和强降水的影响，水稻受淹，造成水稻倒伏和叶片机械损伤，不利于水稻灌浆（见图4.3）。二是病虫为害易重发。台风过后，水稻植株易受伤，增加条斑病、白叶枯病等细菌性病害发生风险，以及加重稻曲病和稻瘟病等真菌病害的流行蔓延，同时稻飞虱和稻纵卷叶螟等迁飞害虫也可能加重发生。三是低温寡照易迟熟。台风带来的连续阴雨和低温寡照，将进一步加重水稻贪青晚熟。

③恢复措施：一是排涝降渍促恢复。受淹稻田应尽快排除田间积水，防止长时间积水导致的茎叶腐化和烂根，减轻渍涝对水稻生长的影响。倒伏稻田应及时扶苗、洗苗，恢复叶片正常光合机能，促进植

图4.3　水稻台风过后倒伏

株恢复生长。灾后如遇高温晴热天气，切忌一次性排尽田水，要保留田间约3厘米的水层，防止高强度叶面蒸发导致植株生理失水。部分双季晚稻绝收田块，应直接改种应季农作物。二是严控病虫降危害。加强水稻病虫的监测预警和适时防治。水稻细菌性病害以预防为主，重点是已发病田块和新出现的发病中心，台风过后及时用药全面预防1~2次，防止病害流行危害。单季稻穗期病害防治应重点把握破口前7~10天的关键节点，预防稻曲病和稻瘟病，同时做好"两迁"害虫监测和药剂防治。三是及时抢收成熟水稻。对已成熟的早稻或者早熟的单季晚稻，在台风到来前及早收获；对接近成熟但受台风影响倒伏严重的早稻或者晚稻，台风过后及时抢晴收获。

（4）高温干旱。

①发生时间：水稻高温干旱灾害一般发生在7—10月，其中高温以7—8月为主。高温干旱通常发生在早稻抽穗至成熟期、连作晚稻苗期至乳熟期、单季晚稻分蘖期至乳熟期。持续的高温天气会使水稻正常幼穗分化和受精结实受到影响，会导致花粉败育、受精受阻，造成空秕率增加、结实率下降、千粒重降低，从而影响水稻产量。干旱缺水会影响水稻正常生长发育，尤其是在水稻处于分蘖、孕穗以及灌浆乳熟三个水分敏感时期遇到干旱，水稻产量会受到严重影响。

②危害症状：水稻的不同生育期，高温干旱造成的影响不同。水稻移栽后，在三个生育阶段遇到高温干旱对水稻产量影响最大。一是移栽后到有效分蘖期，受灾的水稻会减少分蘖，特别是有效分蘖，使水稻穗数减少；二是孕穗期，这是水稻对水分最敏感的时期之一，高温干旱会影响水稻的花粉活力，造成大量空瘪粒甚至死穗；三是灌浆成熟期，这也是水稻水分敏感的时期之一，高温干旱会影响有机物向穗部运转，灌浆受阻，秕粒增多，千粒重下降（见图4.4）。

③应对措施：一是统一调配水资源。加强水资源管理，实行统一调配，建立"流域用水"制度，杜绝"抢水""占水"等事件的发生。及时做好沟渠维修、清淤工作，减少漏水损失。二是科学用水。根据不同生育时期，把现有的水源用在"刀刃"上。对未进入孕穗期的单季稻和早插已成活的连作晚稻，应防止盲目漫灌，提倡湿润灌溉，节约用水，以保证返青期的连晚水稻和等水插秧的田块用水。三是增施肥料。在早晨和傍晚用喷施宝等叶面肥对农作物进行叶面喷雾，减缓叶片失水，提高抗旱能力。四是科学安全用药。高温干旱易引发各类病虫害，

图4.4　重度高温干旱

各地在抗旱时应加强病虫害的防治工作，重点做好水稻纵卷叶螟、稻飞虱等虫害的防治工作。五是及时补播。根据旱情的发展情况，及时调整农作物种植布局，及早做好旱杂粮或秋菜种子的准备工作。干旱一旦解除，要及早做好绝收田的补播工作，引导农民改种秋玉米、秋大豆、秋马铃薯和蔬菜等农作物，避免秋季抛荒，努力减少损失。

3. 水稻灾害性天气应对措施明白图

水稻生产与灾害天气月历表								
月份	3月	4月	5月	6月	7月	8月	9月	10月	11月
早稻	播种期	育苗期、移栽期	返青期、分蘖期	拔节期、孕穗期、抽穗期	抽穗期、灌浆结实期、成熟期				
连作晚稻				播种期	播种期、育苗期、移栽期	分蘖期、拔节期、孕穗期	孕穗期、抽穗期	灌浆结实期	成熟期
单季晚稻			播种期、育苗期	移栽期、返青期、分蘖期	分蘖期、拔节期	拔节期、孕穗期、抽穗期	抽穗期、灌浆结实期	灌浆结实期	灌浆结实期、成熟期
灾害性天气	低温冻害		洪涝		洪涝、台风、高温、干旱	台风、高温、干旱	台风、干旱		低温冻害

	受灾症状	产生危害
低温冻害	水稻苗期遭遇低温冻害，主要表现为烂种、烂秧、死苗。	造成早稻秧苗烂秧，直播早稻田死苗等情况，造成整个生育阶段推迟，有效分蘖减少。

低温冻害

轻度　　　　　中度　　　　　重度

灾前预防措施

(1)提高育秧温度或推迟播种。移栽早稻育秧的时候要覆盖小拱棚膜保温，防止秧苗冷害。有条件的地方可以考虑大棚育秧或者玻璃温室育秧，提高抗寒能力。直播早稻可以适当推迟播种，等灾害性天气过去以后抢播晴种。
(2)灌水护苗。在低温来临前，育秧田可短时灌深水护苗。若伴有较长时间降水，要及时清理沟渠，防止田间积水过多。
(3)喷施保温剂。低温来临时喷施保温剂，在水稻茎叶上形成小块膜状物覆盖气孔，可以抑制蒸腾，减少热能消耗。
(4)喷施磷肥或叶面肥。在秧苗叶面上喷施磷肥或者叶面肥，减轻低温冷害。

灾后恢复措施

(1)冻害较轻水稻，要及时追施薄肥，促进快速恢复生长。
(2)冻害严重水稻，要抓紧补播或调运救济秧苗，或直播早稻，错过早稻播种适期无法补救的，及时改种其他农作物。

	受灾症状	产生危害
高温干旱	高温干旱条件下，水稻表现为植株缺水、叶片萎蔫、分蘖减少、空秕率增加、千粒重降低、穗数减少。	(1)移栽后到有效分蘖期受灾，水稻会减少分蘖，特别是有效分蘖，使水稻穗数减少。 (2)孕穗期受灾，影响水稻花粉活力，造成大量空瘪粒甚至死穗。 (3)灌浆成熟期受灾，影响水稻中有机物向穗部运转，灌浆受阻，秕粒增多，千粒重下降。

续图

高温干旱

| 轻度 | 中度 | 重度 |

预防及恢复措施

（1）统一调配水资源。加强水资源管理，实行统一调配，建立流域用水制度，杜绝"抢水""占水"等事件的发生。及时做好沟渠维修、清淤工作，减少漏水损失。

（2）科学用水。根据不同生育时期，把现有的水源用在"刀刃"上。对未进入孕穗期的单季稻和早although已成活的连作晚稻，防止盲目漫灌，提倡湿润灌溉，节约用水，以保证返青期的连晚水稻和等水插秧的田块用水。

（3）增施肥料。在早晨和傍晚用喷施宝等叶面肥对农作物进行叶面喷雾，减缓叶片失水，提高抗旱能力。

（4）科学安全用药。高温干旱易引发各类病虫害，各地在抗旱时应加强病虫害的防治工作，重点做好水稻纵卷叶螟、稻飞虱等虫害的防治工作。

（5）及时补播。根据旱情的发展情况，及时调整农作物种植布局，及早做好杂粮或秋菜种子的准备工作。干旱一旦解除，要及早做好绝收田的补播工作，引导农民改种秋玉米、秋大豆、秋马铃薯和蔬菜等农作物，避免秋季抛荒，努力减少损失。

台风

受灾症状	产生危害
水稻倒伏、稻田受淹	台风造成水稻倒伏和叶片损伤，影响灌浆，增加病虫害发生程度；成熟收获期遭遇台风会加重水稻贪青晚熟，水稻倒伏增加收获难度。

| 轻度 | 中度 | 重度 |

预防及恢复措施

台风来临前：

（1）抢收已成熟的水稻，确保颗粒归仓。

（2）稻田要疏通沟渠，确保排水通畅。

台风过后：

（1）排涝降渍促恢复。受淹稻田应尽快排除田间积水，防止长时间积水导致茎叶腐化和烂根，减轻渍涝对水稻生长的影响。倒伏稻田应及时扶苗洗苗，恢复叶片正常光合机能，促进植株恢复生长。灾后如遇高温晴热天气，切忌一次性排尽田水，要保留田间3厘米左右水层，防止高强度叶面蒸发导致植株生理性失水。部分双季稻绝收田块，应直接改种应季作物。

（2）严控病虫降危害。加强水稻病害的监测预警和适时防治，水稻细菌性病害以预防为主，重点是已发病田块和新出现的发病中心，台风过后及时用药全面预防1~2次，防止病害流行危害。单季晚稻穗期病害防治应重点把握破口前7~10天的关键节点，预防稻曲病和稻瘟病，同时做好"两迁"害虫监测和药剂防治。

（3）若7月遭遇台风，台风过后九成谷粒黄熟的早稻，待雨停天气好转后适时抢收，尽早调度机械进行收割，为连作晚稻腾出时间。

洪涝

受灾症状	产生危害
（1）苗期水稻受灾后，部分叶片干枯。 （2）分蘖期受灾后，水稻生长速度减缓。 （3）拔节期受灾后，水稻幼穗不能抽出，易发生高节位分枝，能抽穗，但不结实。 （4）孕穗期受灾后，水稻幼穗发育受阻，造成不结实。 （5）抽穗期受灾后，水稻易形成空穗。 （6）乳熟期受灾后水稻千粒重减低，米质变差。	根系受损，生长量下降，高位分蘖增多，生育期推迟，抽穗期延长，穗数不足，穗头变小，产量下降。

| 中度 | 重度 |

续图

预防及恢复措施	
洪涝	暴雨来临前： （1）检修农田沟渠。 （2）稻田开好平水缺。 暴雨过后： （1）排除积水。抓紧疏浚农田沟渠，开好排水沟，防止水稻田受淹。若梅涝期强降雨导致水稻田受淹后，要及时组织力量，开启排水设施，降低外围水位，及时排除田间积水，减轻涝渍危害。但要适当保留浅水层，防止雨后遇到高温出现高强度的叶面蒸腾，导致植株生理失水而枯死。 （2）清水洗苗。受淹严重的水稻田退水后，要抓紧时间清洗叶片，最好使用喷雾器，喷去沾在叶片上的泥沙，以恢复叶片正常的光合机能，促进植株恢复生长。 （3）追施肥料。水稻受淹期间，营养器官受到不同程度损害，退水后植株重新恢复生长，需要大量的养分，而且排水后肥料流失较多，因此，排除积水后，要根据苗情长势及时追肥，肥料种类以速效氮肥为主，并配合施用磷钾肥。早稻可喷施高效叶面肥，促进植株尽快恢复生长。 （4）防治病虫害。重点关注水稻细菌性病害、纹枯病、稻纵卷叶螟等，山区半山区及感病区关注稻瘟病发生。 （5）抓紧补种。对长时间淹水秧苗死亡的田块和水毁田块，要组织调剂水稻秧苗，抢时间补种早中熟晚稻品种，弥补洪涝灾害损失。

（许剑锋执笔，王月星审核）

（二）小麦

1. 小麦生长月历及可能发生的气象灾害

浙江的小麦属于南方冬麦区的长江流域早中熟冬麦亚区，根据浙江的地形地貌、土壤条件、耕作制度等条件，小麦区又可分为平原麦区、沿江沿海麦区、丘陵麦区和红黄壤麦区，种植的小麦品种以半冬性偏春性和春性小麦为主。全生育期从播种至收获在 180 天以上，一般 10 月下旬—12 月初均有播种，翌年 5 月收获。

浙江年平均温度在 15~18℃，在小麦生长期间月平均温度约在 10℃。1 月的平均温度，浙北和浙西北山区为 2~4℃、浙南超过 6℃、浙东南沿海超过 7℃。由于冬季常受北方冷空气的影响，浙江气温常常降至 0℃以下甚至更低，除温州部分沿海地区外，其他地区 1—2 月常出现 −5℃的低温而发生小麦冻害。

浙江雨量充足，常年降水量在 1300~1900 毫米，不同年份和不同地区变异很大，在小麦生育期间，平均降水量由南至北在 455~849 毫米，不少地区降水量超过小麦正常的需要量。同时，杭嘉湖、宁绍等平原水网地带，地下水位较高，土壤湿度大，经常出现烂冬、烂春年份，造成渍害。然而，个别地区、个别年份由于连续晴天、降雨不足，也会出现干旱现象。

因此，在小麦生育期间一般会遇到渍害、干旱、低温冻害等灾害性天气。表 4.2 以小麦品种扬麦 20 为例进行说明。

表4.2　小麦生长月历及可能发生的灾害性天气

月份		10月		11月			12月			翌年1月			2月			3月			4月			5月		
		中旬	下旬	上旬	中旬	下旬	上旬	中旬	下旬	上旬	中旬	下旬	上旬	中旬	下旬	上旬	中旬	下旬	上旬	中旬	下旬	上旬	中旬	下旬
生育期				播种期	播种期	出苗期	分蘖期	分蘖期		越冬期	越冬期	越冬期		返青期		拔节期	拔节期	孕穗期	抽穗期	开花期		灌浆期	成熟期	
敏感条件				温、水	温、水	温、水、肥	温、水、肥	温、水、肥		温	温	温				温、水			温、水、肥	温、水、肥		温、水	温、水	
灾害天气危害等级		★			★★			★★			★★			★★			★★			★★			★	
可能发生的灾害性天气	渍害	√			√			√									√			√			√	
	干旱	√			√			√			√			√			√			√				
	低温冻害	√			√			√			√			√										

2. 气象灾害对小麦生长的影响及对策

（1）渍害。

①发生时间：小麦全生育期间都可能发生渍害，一般发生在11—12月的小麦播种期、苗期和3—5月的拔节抽穗期、扬花灌浆期，生长发育中后期发生的渍害较前期为害严重，其中拔节孕穗期发生渍害损失最重。此时遭受渍害，轻则有效穗减少，每穗粒数减少，粒重下降，产量降低；重则造成倒伏，籽粒穗上发芽，没有商品价值而绝收。

②危害症状：小麦播种期的连阴雨易引起渍害。如果播种期间出现连阴雨天气，10月下旬—11月上中旬总雨量达到50~70毫米，下雨10天左右，则往往造成滥耕烂种，土壤板结通气不良，种子霉烂丧失发芽能力，导致出苗率低。苗期遭受渍害，会造成种苗霉烂，成苗率低，分蘖延迟，根系不发达，苗小叶黄，秧苗素质差，生长不均匀；拔节抽穗期遭受渍害，会造成功能叶变短，有效穗数减少（见图4.5）；扬花灌浆期遭受渍害，会造成功能叶早衰，穗实粒数减少，千粒重降低 。生产上中后期发生的湿害较前期危害大，其中拔节孕穗期发生渍害损失最大，易造成有效穗少，每穗粒数减少，粒重下降，产量降低。

③预防措施：一是选择耐抗品种。采用抗性强或耐渍的小麦品种，促进小麦生长，提高小麦耐渍能力。二是免耕种麦（稻板稻）。

图4.5　小麦渍害

在平原稻茬麦区，提倡免耕种麦（稻板麦），即水稻收获后不翻耕后就进行小麦播种。在干旱年份，田面平整蒸发面积比翻耕小，减少了表土层的水分蒸发，使播种层在播后20天仍保持较高含水量；在多雨年份，烂耕会使大量水分滞积于土块空隙，播种后易发生烂种、烂芽。免耕麦田，因保留了前茬土壤孔隙体系，上下相通，排水畅通，雨水渗漏快，达到既抗旱又防渍的效果。三是播期开沟，控水防渍。播种时，开好麦田畦沟、腰沟、田边沟等一套沟系，降低地下水位（控制在麦株主根区系以下），改善土壤通气条件，做到一方麦田，两头出水，三沟配套，沟沟相通、排水通畅，达到雨停沟干。杜绝无沟种麦的现象。同时，对长期失修的深沟支渠要进行清淤疏通，防止雨水频繁或暴雨时及时排渍，做到出水畅通无阻。四是合理轮作，改良土壤结构。对于容易发生渍害的地方，可以通过合理轮作、调整农作物布局、增加耕作层深度、增施有机肥等办法，改善土壤结构和土壤环境，增加土壤的透水、透气性，提高土壤的持水能力。

④恢复措施：一是及时清沟理渠。排明水降暗渍，千方百计减少耕作层滞水是防止小麦湿害的主攻目标。及时清理麦田"三沟"（指农田的厢沟、腰沟、围沟），保证雨停田间无积水，降低田间湿度，免受或减轻渍害影响。二是增施肥料。对湿害较重的麦田，做到早施巧施苗肥，重施拔节孕穗肥，以肥促苗。基肥增施热性有机肥，如渣草肥、猪粪、牛粪、草木灰、人粪尿等。增施磷、钾肥，利于根系发育、壮秆，减少受害。三是防病护叶。锈病、赤霉病、白粉病发生后及时喷药防治。此外，可喷施植物抗逆增产剂等增加小麦植株抗逆性。

（2）低温冻害。

①发生时间：小麦的低温冻害一般出现在12月—翌年3月，集中在小麦拔节期至抽穗成熟期。该时期，小麦处于生殖生长阶段，如果经历连续低温天气则会导致的麦穗生长停滞，轻则穗粒数明显减少，重则冻死，严重影响产量。

②危害症状：小麦在拔节期后经历连续低温冻害天气，会导致后续麦穗生长停滞。冻害较轻时，麦株主茎及大分蘖的幼穗受冻后，仍能正常抽穗和结实；但穗实粒数明显减少。冻害较重时，主茎、大分

蘖幼穗及心叶冻死，但其余部分仍能生长；冻害严重时，小麦叶片、叶尖呈水烫一样地硬脆，后青枯或青枯成蓝绿色，茎秆、幼穗皱缩死亡（见图 4.6）。

图4.6　小麦低温冻害

③预防措施：一是选用抗寒抗逆性强的小麦品种。二是培育冬前壮苗，提高小麦抗寒力。三是对弱苗要及时施肥，保证营养供应。在年后小麦返青拔节期间，每亩施用尿素5~10千克，促进小麦分蘖迅速生长，增强麦苗对养分的及时吸收，提高小麦的抗病性和抗逆性能。四是对旺苗要进行镇压。如果小麦在冬季生长过旺，则一定要及时进行镇压，减少养分的无谓消耗。

④恢复措施：一是加强肥水管理。在小麦年后返青之后，对于受冻的麦田要及时补充肥料，一般采用速效氮肥（如尿素），以提高分蘖成穗率，将冻害损失程度降到最低，最大限度地保证小麦的产量。二是及时进行补救施药。对于已经受冻的小麦，如果冻害程度不是特别严重，仅仅是叶片枯黄，可以在早春的时候及时喷施药剂，以恢复小麦的长势。生产上一般喷施磷酸二氢钾和芸苔素内酯，促进麦苗返青。三是防止早衰。受冻麦田后期容易产生早衰，可以加强中后期肥水管理，在春季第一次追肥的基础上应根据麦苗生长发育情况适量追肥，以提高产量。

（3）干旱。

①发生时间：小麦干旱一般发生在 11—12 月，此时小麦正处于播种到出苗期。该时期遇到干旱，会影响小麦正常发芽，从而影响麦苗质量，对小麦后期产量形成会有一定的影响。

②危害症状：小麦在出苗期遇到干旱，会造成小麦发芽迟缓，甚至无法出芽，从而推迟小麦的生育进程，导致幼穗发育不利，麦苗的质量也会相对降低（见图 4.7）。

图4.7　小麦遭遇干旱

③预防措施：一是选用抗旱或耐干旱的小麦品种。二是及时施用苗肥，培育壮苗。在幼苗期，对生长较差的麦田每亩施用尿素 2.0~2.5 千克促"黄塘"，促进小麦苗体生长，提高自身抗逆性能。

④恢复措施：一是适时灌溉。选择上午或者下午灌溉，避免中午高温时期灌溉。可采用湿润灌溉，反复多次灌溉，从而保证灌溉量适宜。二是及时科学中耕。对于已经出苗的麦田，要及时除草中耕，避免杂草与小麦争抢水分，并切断土壤毛孔运送，避免水分过分蒸发，保持土壤有充足的水分。三是增施有机肥。有机肥养分全、肥效长，增施有机肥可增加土壤肥力和改善团粒结构，以肥调水，增强土壤保水性能，从而保证土壤持有足够的水分满足小麦生长发育的需要。

3. 小麦灾害性天气应对措施明白图

<table>
<tr><td colspan="9" align="center">小麦生产与灾害天气月历表</td></tr>
<tr><td>月份</td><td>10月</td><td>11月</td><td>12月</td><td>翌年1月</td><td>2月</td><td>3月</td><td>4月</td><td>5月</td></tr>
<tr><td>生产周期</td><td>播种期</td><td>播种
出苗期</td><td>分蘖期</td><td>越冬期</td><td>返青期</td><td>拔节
孕穗期</td><td>抽穗
开花期</td><td>灌浆
成熟期</td></tr>
<tr><td>灾害性
天气</td><td>连阴雨</td><td>连阴雨、干旱</td><td>连阴雨、低温
冻害、干旱</td><td colspan="2">连阴雨、
低温冻害</td><td colspan="2">渍害、低温冻害</td><td>渍害</td></tr>
</table>

	受灾症状	产生危害
连阴雨引起渍害	苗期：苗小叶黄 拔节抽穗期：上部功能叶小 开花灌浆期：实粒数和千粒重下降	苗期：分蘖延迟，根系不发达 拔节抽穗期：有效穗数减少 扬花灌浆期：功能叶早衰

灾前预防措施

（1）选择耐抗品种。采用抗性强或耐渍的小麦品种。
（2）播期开沟控水防渍。秋播时，开好麦田一套沟，降低地下水位（控制在麦株主根区系以下），做到一方麦田，两头出水，三沟配套。
（3）合理轮作改良土壤结构。对于容易发生渍害的地方，可以通过合理轮作，增加耕作层深度和增施有机肥等办法，改善土壤结构和土壤环境，增加土壤的透水、透气性，提高土壤的持水能力。

灾后恢复措施

(1)及时清沟理渠。排明水降暗渍，千方百计减少耕作层滞水是防止小麦湿害的主攻目标。及时清理麦田"三沟"，保证雨停田间无积水，降低田间湿度，免受或减轻渍害影响。
(2)增施肥料。对湿害较重的麦田，做到早施巧施苗肥，重施拔节孕穗肥，以肥促苗。基肥增施热性有机肥，如渣草肥、猪粪、牛粪、草木灰、人粪尿等。增施磷钾肥，利于根系发育、壮秆，减少受害。
(3)防病护苗。锈病、赤霉病、白粉病发生后及时喷药防治。此外，可喷施植物抗逆增产剂等增加小麦植株抗逆性。

	受灾症状	产生危害
低温冻害	前期叶片发黄。后期幼穗、心叶冻死，叶片呈青枯或蓝绿色。	前期生长停滞。后期较轻时，穗实粒数明显减少；较重时，主茎、大分蘖幼穗及心叶冻死；冻害严重时，小麦叶片、叶尖呈水烫一样地硬脆，茎秆、幼穗皱缩死亡。

灾前预防措施

（1）选用抗寒、抗逆性强的小麦品种。
（2）培育冬前壮苗，提高小麦抗寒力。
（3）对弱苗要及时施肥，保证营养供应。在年后施小麦返青拔节期间，每亩施用尿素5~10千克，促进小麦分蘖迅速生长，增强麦苗对养分的及时吸收，提高其抗病性和抗逆性能。
（4）对旺苗要进行镇压。如果小麦在冬季生长过旺的话，一定要及时进行镇压，减少养分的无谓消耗。

续图

灾后恢复措施
（1）加强肥水管理。在小麦年后返青之后，对于受冻的麦田要及时补充肥料，一般采用速效氮肥，如尿素，以提高分蘖成穗率，将冻害损失程度降到最低，最大限度地保证小麦的产量。 （2）及时进行补救施药。对于已经受冻的小麦，如果冻害程度不是特别严重，仅仅是叶片枯黄，可以在早春的时候及时喷施药剂，以恢复小麦的长势。生产上一般喷施磷酸二氢钾和芸苔素内酯，来促进麦苗返青。 （3）防止早衰。受冻麦田后期容易产生早衰，可以加强中后期肥水管理，在春季第一次追肥的基础上应根据麦苗生长发育情况适量追肥，以提高产量。

受灾症状	产生危害
苗期干旱表现为秧苗差，发育迟缓，甚至无法出芽。	种子发芽延迟，推迟生育进程

干旱

灾前预防措施
（1）选用抗或耐干旱的小麦品种。 （2）及时施用苗肥，培育壮苗。在幼苗期，对生长较差的麦田每亩施用尿素2.0～2.5千克促"黄塘"，促进小麦苗体生长，提高自身抗逆性能。

灾后恢复措施
（1）适时灌溉。选择上午或者下午灌溉，避免中午高温时期灌溉。可采用渗润灌溉，反复多次灌溉，从而保证灌溉量适宜。 （2）科学中耕。对于已经出苗的麦田，要及时除草中耕，避免杂草与小麦争抢水分，并切断土壤毛孔运送，避免水分过分蒸发，保持土壤有充足的水分。 （3）增施有机肥。有机肥养分全、肥效长，增施有机肥可增加土壤肥力和改善团粒结构，以肥调水，增强土壤保水性能，从而保证土壤足够的水分满足小麦生长发育的需要。

（许剑锋执笔，蔡仁祥审核）

（三）油菜

1. 油菜生长月历及可能发生的气象灾害

油菜是浙江冬季种植面积最大的农作物。一般 10 月播种，翌年 5 月收获。油菜全生育期期间会遇到渍害、干旱、低温冻害等灾害性天气。表 4.3 以浙油 50 的生长月历为例进行说明。

2. 气象灾害对油菜生长的影响及对策

（1）渍害。

①发生时间：油菜渍害一般发生在 10—11 月和 3—5 月，通常发生在油菜播种期、苗期、蕾薹期、开花期及成熟期。其中蕾薹期和开花期对渍害的敏感性较其他时期要强。在生产上，若遇到连续

表4.3　油菜生长月历及可能发生的灾害性天气

月份	10月上旬	10月中旬	10月下旬	11月上旬	11月中旬	11月下旬	12月上旬	12月中旬	12月下旬	翌年1月上旬	翌年1月中旬	翌年1月下旬	2月上旬	2月中旬	2月下旬	3月上旬	3月中旬	3月下旬	4月上旬	4月中旬	4月下旬	5月上旬	5月中旬	5月下旬
生育期		播种期			出苗期			苗期						蕾薹期			开花期						成熟期	
敏感条件		温、水			温、水、肥			温、水									温、水、肥							
灾害天气危害等级		★★			★★			★			★			★			★★★			★★★			★	
可能发生的灾害性天气　渍害		✓			✓			✓			✓						✓			✓			✓	
可能发生的灾害性天气　干旱		✓			✓												✓			✓				
可能发生的灾害性天气　低温冻害								✓			✓			✓						✓				

阴雨，稻茬和地势低洼的油菜种植田块容易积水并发生渍害，渍害发生后易导致油菜根系呼吸速率下降，对水肥的吸收能力减弱，使得植株发育不良，植株变小、分枝变少、结荚数减少，产量降低。

②危害症状：油菜播种期及苗期发生渍害会导致油菜植株根系长期缺氧而生长受阻或腐烂，幼苗出现生长弱，红（黄）叶、僵苗、烂根和死苗等症状（见图4.8）；抽薹期发生渍害会导致油菜植株分枝减少、分枝长势弱，黄叶多、叶小，病虫害情况增加；开花期发生渍害会导致油菜植株的生长发育受到限制，营养匮乏导致花蕾减少且发育不良，从而出现落花落蕾和植株倒伏的情况；成熟期发生渍害会导致荚果和基部叶片发黄脱落，千粒重下降，空壳率增加，同时植株易感菌核病等病害，影响产量。

③预防措施：一是选择抗（耐）湿的油菜品种。可以选用发芽率高、出苗整齐、苗壮叶旺、根多且粗长、分枝多且粗壮的油菜品种，这类品种抗缺氧能力强，较抗（耐）湿。二是加强田间管理。重视清沟排水，严防田间积水。油菜播种后开好"三沟"，做到雨后田间无

图4.8 油菜渍害

积水。雨水多的季节应及时清沟，改善土壤通气情况，促进油菜根系生长发育，提高植株抗病能力，预防菌核病等病害发生。

④恢复措施：一是清沟排渍，中耕培土。阴雨天气结束后应及时查看排水情况，发现排水沟堵塞或排水不畅，应立即清沟排水或增开排水沟，有效降低地下水位。天气转晴后要及时中耕培土，防除杂草，降低田间土壤湿度，改善土壤通气情况，促进根系发育。二是科学追肥，恢复生长。油菜受渍害后，根系吸肥力明显下降，而且田块土壤养分流失会导致植株长势弱，叶少而小，根系少且短，抽薹少又细，故要适当多施速效肥，以促生长。追肥应根据油菜群体长势情况确定，在追施氮肥的基础上适当补施磷、钾肥，现蕾和开花时，增施一次硼可明显提高结实率和千粒重，大幅增加产量。三是预防倒伏。发生湿渍害的油菜，植株根系活力下降，地上部分细长而瘦弱，应适时多培土壅根，以防发生倒伏。若有春后旺长的田块，要适时喷洒生长调节剂，改善株型，加快植株生长恢复，增强抗倒伏能力。四是加强病虫害防治。渍害发生后，油菜抗病性下降，病虫害发生往往偏重，应早防早治。特别是要加强菌核病、蚜虫、霜霉病等病虫害的防治，菌核病可用 40% 菌核净可湿性粉剂、25% 咪鲜胺乳油、255 克／升异菌脲悬浮剂、200 克／升氟唑菌酰羟胺悬浮剂等，蚜虫可用 25% 噻虫嗪水分散粒剂、25 克／升溴氰菊酯乳油等。同时要及时摘除底部的黄、老、病叶，减少病原菌。

（2）低温冻害。

①发生时间：油菜容易受到冬季低温和倒春寒天气的侵袭，低温冻害一般出现在 12 月至翌年 1 月、3—4 月，集中在越冬期和蕾薹期。如遭遇连续低温天气，油菜叶片会冻伤、发白、干枯，轻则结荚数明显减少，重则冻死，严重影响产量。

②危害症状：油菜在越冬期和蕾薹期容易遭受低温危害，即冻害。越冬期低温容易造成油菜因冻害而引起的叶片发白、萎蔫，甚至出现病斑样、皱缩干枯。抽薹期冻害叶片表现为边缘烧焦状，茎秆开裂（见图 4.9）、变空，进而倒伏折断，以至枯死（见图 4.10）。

③预防措施：一是选择抗冻品种。生产上应选择抗寒性强、生

育期中晚熟的油菜品种。二是因苗施肥。因苗、因地巧施追肥，培育壮苗，提高自身抗寒能力。选择有机肥，搭配磷、钾肥。故有农谚说："冬施一层肥，好比盖棉被"。有机肥/农家肥做腊肥可提高地温约2℃；有机肥还能通过提高土壤盐分浓度，减轻根系的冻伤程度。磷、钾肥可促使机械组织加厚，提高细胞液浓度，促进油菜冬季生长，提高植株抗冻能力，实现壮苗越冬。三是清沟排渍防旱。在低温来临前，及时开排水沟，清除渍水，降低地下水位，减少土壤含水量，可以提高地

图4.9 油菜茎秆开裂

图4.10 油菜枯死

温，增强油菜防冻能力。若土壤处于干旱条件下，可在冻前灌水，缩小温度骤降引起的昼夜温差，防止油菜被冻死。同时，也可以采取在油菜根部撒施草木灰或碎秸秆等措施，减轻寒风直接侵袭植株根部，对油菜起到一定的保温防冻作用。四是控制早薹。若遇冬前气温偏高或是田块肥力差，导致油菜提早进入生殖生长阶段，出现提前抽薹和开花的情况，油菜营养生长不足，茎秆瘦弱，抗寒能力差，较易受到冻害影响。应选择晴天及时摘薹，并且追施一次尿素，促进分枝发育，以达到推迟生育期的目的，还可以采用喷施多效唑来控制早薹。

④恢复措施：一是清除冻薹冻叶。对已经受到冻害的油菜，要在

天气晴好的时候及时摘除冻薹，促进油菜基部的分枝生长；同时清除冻伤的叶片，防止影响到整个植株。切忌在雨天的时候进行摘除操作，防止伤口腐烂。二是清沟沥水，中耕培土。清沟排水，降低田间湿度，提高土壤温度，增加土壤通气性，防止冻害渍害叠加发生，同时利用清沟的土壤培土壅根，减轻冻害对油菜根系造成的影响。三是补施追肥。油菜受到冻害以后，植株的根系和叶片都受到了一定损伤，可以视具体情况，追施尿素以促进植株恢复生长，同时注意适量补施钾肥和硼肥，钾肥可促灌浆壮籽，硼肥可促进花芽分化。四是防治病害。低温冻害的油菜更易感病，要密切关注病害发生动态。可在晴天时采用碧护等调节剂喷施油菜，缓解冻害症状，同时促进油菜生长发育。对发生菌核病的田块，可用 40% 菌核净可湿性粉剂、25% 咪鲜胺乳油、255 克 / 升异菌脲悬浮剂、200 克 / 升氟唑菌酰羟胺悬浮剂等防治，发生蚜虫为害的田块可用 25% 噻虫嗪水分散粒剂、25克 / 升溴氰菊酯乳油等防治。

（3）干旱。

①发生时间：油菜干旱一般发生在 11—12 月和 3—4 月，此时油菜正处于播种到出苗期、蕾薹期至结荚期。出苗期遇到干旱会影响油菜正常发芽和油菜秧苗质量，对油菜后期产量形成会有一定的影响；蕾薹至结荚期遇到干旱则影响油菜植株高度、花期和后期油菜产量。

②危害症状：油菜在播种期间遭遇持续干旱对油菜前期生长有较大影响。长时间的干旱会造成土壤严重缺水，导致油菜无法吸收土壤水分而不能发芽。已经发芽的油菜，会因缺少土壤养分造成营养不良，且生长变得缓慢，甚至发红僵苗。油菜蕾薹期干旱会造成植株矮小瘦弱，分枝数减少，易引起早花，花蕾数量减少，花期缩短等症状（见图 4.11）。

③预防措施：一是选择抗旱品种。抗旱油菜品种有较强的干旱耐受力，选用抗旱品种是生产上最经济有效的途径。二是育苗移栽。调整种植模式，改直播为育苗移栽，并根据天气预报选择适当的移栽期。一般来说，移栽油菜的综合成活率比较高，便于后期田间管理。三是中耕除草松土。既切断土壤表层毛细管，抑制土壤水分蒸腾，又

图4.11　油菜受旱

防止杂草与油菜争肥争水。

　　④恢复措施：一是及时适时灌溉。有灌溉条件的地方，建议傍晚灌水，水不上畦，让其自然渗透，次日及时排干水分。也可采用碎秸秆覆盖在油菜的行间，起到减少水分蒸发和保墒抗旱作用。二是喷施抗旱剂。如黄腐酸等，喷施量根据干旱程度决定。三是叶面补肥，补充营养。根据旱情和油菜植株生长情况，可在早、晚时分用叶面肥对油菜进行叶面喷雾补肥，减缓叶片失水，提高抗旱抗逆能力。四是适当追肥。旱情结束后，在油菜蕾薹期后期根据油菜长势酌情补施追肥，以恢复油菜生长。

　　3. 油菜灾害性天气应对措施明白图

油菜生产与灾害天气月历表							
月份	10月	11月	12月	翌年1月	2月	3月	4月	5月
生产周期	播种期	苗期		苗期—蕾薹期	蕾薹期	蕾薹期—开花期	开花期—成熟期	成熟期
灾害性天气	渍害、干旱	低温冻害				渍害、低温冻害、干旱		渍害

续图

受灾症状	产生危害
油菜播种期及苗期发生渍害，会导致油菜植株根系长期缺氧而生长受阻或腐烂，幼苗出现生长弱，出现红（黄）叶、僵苗、烂根和死苗等症状；抽薹期发生渍害，会导致油菜植株分枝减少、分枝长势弱，黄叶多、叶小，病虫害情况增加；开花期发生渍害，会导致油菜植株的生长发育受到限制，营养匮乏导致花蕾减少且发育不良，从而出现落花落蕾和植株倒伏的情况；成熟期发生渍害，会导致荚果和基部叶片发黄脱落，千粒重下降、空壳率增加，同时植株易感菌核病等病害，从而影响产量。	渍害发生后易导致油菜根系呼吸速率下降，对水肥的吸收能力减弱，使得植株发育不良，植株变小、分枝变少、结荚数减少，从而造成产量减少。

渍害

轻度	中度	重度

灾前预防措施

（1）选择抗（耐）湿的油菜品种。可以选用发芽率高、出苗整齐、苗壮叶旺、根多且粗长、分枝多且粗壮的油菜品种，这类品种抗缺氧能力强，较抗（耐）湿。

（2）加强田间管理。重视清沟排水，严防田间积水。油菜播种后开好"三沟"，做到雨后田间无积水，雨水多的季节，应及时清沟，改善土壤通气情况，促进油菜根系生长发育，提高植株抗病能力，预防菌核病等病害发生。

灾后恢复措施

（1）清沟排渍，中耕培土。在阴雨天气结束后，及时到油菜田中查看，发现排水沟堵塞或排水不畅，应立即清沟排水或增开排水沟，有效降低地下水位。天气转晴后要及时中耕培土，防除杂草，降低田间土壤湿度，改善土壤通气情况，促进根系发育。

（2）科学追肥，恢复生长。油菜受渍害后，根系吸肥力明显下降，而且田块土壤养分流失，导致植株生长势弱，叶少而小，根系少且短，抽薹少又细，要适当务速追肥，以促生长。追肥应根据油菜群体长势情况确定，在追施氮肥的基础上适当补施磷钾肥，现蕾和开花时，增施一次硼肥，可明显提高结实率和千粒重，大幅增加产量。

（3）预防倒伏。发生湿渍害的油菜，植株根系活力下降，地上部分细长而瘦弱，应适时多培土壅根，以防止油菜倒伏。对有春后旺长的田块，要适时喷洒生长调节剂，改善株型，加快植株恢复，增强抗倒伏能力。

（4）加强病虫害防治。油菜抗病性下降，病虫害发生往往偏重，应早防早治。特别是要加强菌核病、蚜虫、霜霉病等病虫害的防治，菌核病可用40%菌核净可湿性粉剂、25%咪鲜胺乳油、255克／升异菌脲悬浮剂、200克／升氟唑菌酰羟胺悬浮剂等，蚜虫可用25%噻虫嗪水分散粒剂、25克／升高氟氯菊酯乳油等。同时要及时摘除底部的黄老病叶，减少病原菌。

受灾症状	产生危害
油菜在越冬期和蕾薹期容易遭受低温危害，即冻害。越冬期低温容易造成油菜因冻害而引起的叶片发白、萎蔫，甚至出现病斑样、皱缩干枯。抽薹期冻害表现叶片边缘烧焦状，茎秆开裂、变空，进而倒伏折断，以至枯死。	遭遇连续低温天气，会造成油菜叶片冻伤、发白、干枯，轻则结荚数明显减少，重则冻死，严重影响产量

低温冻害

轻度	中度	重度

灾前预防措施

（1）选择抗冻品种。生产上应选择抗寒性强、生育期中晚熟的油菜品种。

（2）因苗施肥。因苗、因地巧施追肥，培育壮苗，提高自身抗寒能力。选择有机肥，搭配磷钾肥。故有农谚说："冬施一层肥，好比盖棉被"。有机肥／农家肥做腊肥可提高地温2℃左右，有机肥还能通过提高土壤盐分浓度，减轻根系的冻伤程度。磷、钾肥可促使机械组织加厚，提高细胞液浓度，促进油菜冬季生长，提高植株抗寒能力，实现壮苗越冬。

（3）清沟排渍防旱。在低温来临前，及时开排水沟，清除渍水，降低地下水位，减少土壤含水量，可以提高地温，增强油菜防冻能力。若土壤过于干旱条件下，在冻前灌水，以减小温度骤降引起的昼夜温差，防止油菜被冻死。同时，可以采用在油菜植株散施稻草木灰或碎秸秆等措施，减轻寒风直接侵袭植株根部，对油菜起到一定的保温防冻作用。

（4）控制早薹。若遇冬前气温偏高或是田块肥力差，易导致油菜提早进入生殖生长，出现提前抽薹和开花的情况，油菜营养生长不足，茎秆瘦弱，抗寒能力差，较易受到冻害影响。应选择晴天及时摘薹，并且追施一次尿素，促进分枝发育，以达到推迟生育期的目的，还可以采用喷施多效唑来控制早薹。

续图

低温冻害	灾后恢复措施
	（1）清除冻薹冻叶。对已经受到冻害的油菜，要在天气晴好的时候及时摘除冻薹，促进油菜基部的分枝生长；同时清除冻伤的叶片，防止影响到整个植株。切忌在雨天的时候进行摘除操作，防止伤口腐烂。 （2）清沟沥水，中耕培土。清沟排水，降低田间湿度，提高土壤温度，增加土壤通气性，防止冻害渍害叠加发生，同时利用清沟的土壤培土壅根，减轻冻害对油菜根系造成的影响。 （3）补施追肥。油菜受到冻害以后，植株的根系和叶片都受到了一定损伤，可以视具体情况，追施尿素以促进植株恢复生长，同时注意适量补施钾肥和硼肥，钾肥可促灌浆壮籽，硼肥可促进花芽分化。 （4）防治病害。对低温造成冻害的油菜，更易感病，要密切关注病害发生动态。可在晴天时采用碧护调节剂喷施油菜，缓解冻害症状，同时促进油菜生长发育。对发生菌核病的田块可用40%菌净可湿性粉剂、25%咪鲜胺乳油、255克/升异菌脲悬浮剂、200克/升氟唑菌酰羟胺悬浮剂等防治，发生蚜虫危害的田块可用25%噻虫嗪水分散粒剂、25克/升溴氰菊酯乳油等防治。

	受灾症状	产生危害
干旱	油菜在播种期间持续干旱对油菜前期生长有较大影响。长时间的干旱，造成土壤严重缺水，导致油菜无法吸收土壤水分而不能发芽。已经发芽的油菜，因缺少土壤养分，造成营养不良，且生长变得缓慢，甚至发红僵苗。油菜蕾薹期干旱，造成植株矮小瘦弱，分枝数减少，易引起早花，且花蕾数量减少，花期缩短等症状。	出苗期遇到干旱会影响油菜正常发芽，从而影响油菜秧苗质量，对油菜后期产量形成会有一定的影响；蕾薹至结荚期遇到干旱则影响油菜植株高度、花期，进而影响油菜产量。

轻度	中度	重度

灾前预防措施

（1）选择抗旱品种。抗旱油菜品种有较强的干旱耐受力，选用抗旱品种是生产上最经济有效的途径。
（2）育苗移栽。调整种植模式，改直播为育苗移栽，并根据天气预报选择适当的移栽期。一般来说，移栽油菜的综合成活率比较高，便于后期田间管理。
（3）中耕除草松土。既切断土壤表层毛细管，抑制土壤水分蒸腾，又防止杂草与油菜争肥争水。

灾后恢复措施

（1）及时适时灌溉。有灌溉条件的地方，建议傍晚灌水，水不上畦，使其自然渗透，次日及时排干水分。也可采用碎秸秆覆盖在油菜的行间，起到减少水分蒸发，保墒抗旱作用。
（2）喷施抗旱剂。如黄腐酸等，根据土壤含水量和抗旱程度决定。
（3）叶面补肥，补充营养。根据旱情和油菜植株生长情况，可在早、晚时分用叶面肥对油菜进行叶面喷雾补肥，减缓叶片失水，提高抗旱抗逆能力。
（4）适当追肥。旱情结束后，在油菜蕾薹期后期根据油菜长势酌情补施追肥，以恢复油菜生长。

（张慧执笔，王月星审核）

复习思考题

1. 低温冻害对水稻生长有哪些危害？
2. 小麦受渍害影响有哪些预防措施？
3. 油菜受干旱影响有哪些恢复措施？

二、蔬菜类

（一）西瓜

1.西瓜生长月历及可能发生的气象灾害

西瓜是浙江省的特色优势品种，常年种植面积近 100 万亩，是蔬菜瓜果中种植面积较大的品种之一，尤其是首创的大棚西瓜全程避雨长季节栽培技术，西瓜产量高，品质佳，在全国具有很高的知名度。西瓜生育期主要分为苗期、营养生长期（伸蔓期）、开花坐果期、采收期。灾害性天气是指在西瓜生产过程中，出现不利于西瓜正常生长，甚至造成西瓜异常的气候现象，常见的有低温冻害、阴雨寡照、台风暴雨、高温干旱等。西瓜栽培主要有大棚春提早栽培、露地栽培、高山栽培、大棚长季避雨栽培、大棚秋延后栽培等方式，表 4.4 以主要栽培模式——大棚西瓜长季节栽培模式生长月历为例进行说明。

2.气象灾害对西瓜生长的影响及对策

（1）低温冻害。

①发生时间：西瓜起源于非洲热带，耐热不耐寒，抗冻性差，适宜的生长温度为 20~28℃，西瓜一般遇到 5~10℃的低温（土壤温度 12℃以下）即受害，冬、春季育苗及大棚早熟栽培常出现低温冻害或冷害现象，对西瓜生产造成严重影响，植株甚至会受冻萎蔫死亡，需要重新育苗补种。

②危害症状：西瓜育苗期、生长前期如遇到持续低温阴雨等恶劣天气，容易受冻害或冷害，植株秧苗出现黄苗弱芽、沤根等现象，或僵苗不发，根系停止生长，主根和侧根变成铁锈色，严重者根表皮腐烂，不生新根（见图 4.12）；重者幼苗萎蔫，植株矮小，生长缓慢，根发黄甚至褐变，新生根少；严重的植株受冻萎蔫，呈水浸状，整株死亡（见图 4.13）。

③预防措施：一是合理安排茬口，适期播种育苗与定植。根据设施类型及管理经验水平，选用特早熟、早熟品种或采用避雨栽培方

表4.4 西瓜生长月历及可能发生的灾害性天气（以主栽模式——大棚西瓜长季节栽培为例）

月份	11月 上中下旬	12月 上中下旬	翌年1月 上中下旬	2月 上中下旬	3月 上中下旬	4月 上中下旬	5月 上中下旬	6月 上中下旬	7月 上中下旬	8月 上中下旬	9月 上中下旬	10月 上中下旬
生育期	拉蔓清理期	育苗与大田准备	育苗期与定植准备 / 定植期		伸蔓期	开花坐果期		连续开花坐果及采收期				
敏感条件		温		温、光			水、肥			温、水、肥		温、水
灾害天气危害等级 台风（大风）		★★★	★★★	★★★	★	★	★	★	★	★★	★	★
可能发生的灾害性天气 洪涝							✓	✓	✓	✓	✓	
可能发生的灾害性天气 高温									✓	✓	✓	
可能发生的灾害性天气 干旱									✓	✓	✓	
可能发生的灾害性天气 低温冻害		✓	✓	✓	✓							

式，改善设施条件，适当推迟播种育苗或移栽的，可避免或减轻低温冻害的发生。二是加强田间温度管理。重点做好大棚多层覆盖保温、通风降湿、揭膜见光、苗床增温、补光灯补光等管理措施，适当控制氮肥施用，增强植株抗性，前期做到育苗土壤（基质）不发白不浇水，要浇就中午用同温水浇透。遇低温天气大棚适当提早关闭，覆膜保温，夜间采取多层覆盖保温措施，最低温度不低于5℃时，可临时加盖无纺布等覆盖物，必要时可采用加温、点蜡烛、补光等应急措施，降低冻害发生率，同时注意用电、用火安全。白天温度升高后注意适时揭膜通风，降低湿度，增加光照。晴热天气大棚应及时通风降温，低温冻

图4.12　西瓜受低温发生冻害

图4.13　西瓜苗受冻死亡

害后的骤晴天气应注意及时回帘，避免通风或增温过快，以防植株秧苗凋萎死亡。三是加强播种育苗移栽管理。避开阴冷天气，抢晴天播种育苗，及时搭建小拱棚、加盖无纺布保温增温，有条件的可采用电热丝加温措施，提高出苗、成苗率。加强通风透光管理，降低棚内湿度，尽量多见光，增加光照，若遇持续低温阴雨弱光天气，西瓜等苗床还应临时补光。即将定植的秧苗应根据苗情及天气状况，适当降温炼苗，选冷尾暖头，在棚内地表下10厘米处、土温在12℃以上的晴天定植。定植后浇定根肥水，膜口盖严，搭建小拱棚保温，保持小拱棚温度在28～32℃。缓苗后温度控制在25～30℃。成活后加强温度、

湿度管理，适当提高棚温，促进植株生长，日间棚温20℃以上揭去小棚膜，棚温超过30℃通风降温，下午棚温达30℃时关闭通风口，棚内夜温稳定在15℃以上时揭去内拱棚膜，增加光照。四是加强病虫害防治。低温阴雨天气棚内湿度高，天气转好后棚温升高或通风不良，均会加剧高湿病害迅速蔓延趋势，温度升高后红蜘蛛、蓟马等病虫害增多，需选用对口药剂进行病虫害防控。阴雨雪天气湿度高，应尽量减少农药喷洒，宜在晴天上午进行。五是加固大棚设施。遇大风冰雹天气要及时固定好西瓜棚膜、压好压膜线，及时修补损坏的棚膜。下雪天要加固支撑，及时清除棚上积雪，防止设施被雪压塌。

（2）阴雨寡照。

①发生时间：阴雨寡照天气一般出现在冬春季，通常发生大棚春提早栽培生长前期以及西瓜育苗移栽期，造成育苗困难、移栽成活率低甚至根系萎缩死亡，需要重新育苗补种，推迟西瓜上市时间。阴雨寡照天气主要是光照不足，大田植株及育苗、秧苗不能正常进行光合作用，加之湿度大，严重影响育苗质量，是西瓜特早熟栽培及早春育苗的主要灾害性天气之一。

②危害症状：西瓜栽培冬季或早春常遭遇阴雨寡照等恶劣天气，西瓜成苗率低，秧苗质量差，根系弱，萎根、病害重，或植株徒长（见图4.14、图4.15）；移栽后植株发黄，新根少，发棵慢，或整株枯黄凋亡、僵苗；生长长时间处于停滞状态，幼苗生长量小，展叶慢，叶色灰绿，叶片增厚，组织僵硬，原有子叶和真叶变黄，根发黄，甚至褐变，新生的白根少。

图4.14 阴雨寡照影响西瓜成苗率和质量

图4.15 阴雨寡照对西瓜育苗影响

阴雨寡照天气还容易造成定植大田的西瓜植株徒长跑藤，植株营养生长偏旺，生殖生长受到影响，花芽分化不良，且由于湿度大，花粉不容易萌发，活力下降，不容易授粉受精。如西瓜早春育苗或瓜蔓生长期遇连续5~7天阴雨低温后突然遇晴天高温，叶面蒸腾作用强盛，瓜蔓叶片急剧大量失水，因根系吸水能力差，水分代谢失去平衡，易造成叶片萎蔫或凋亡死亡，尤其是西瓜坐果膨大后。

③应对措施：一是开沟降渍水，通风降湿。针对雨水偏多天气，要开好田间排水沟，及时清沟理渠，防止渍害，提高根系活力。加强大棚保温降湿，采用多层覆盖措施，夜间加盖无纺布等保温材料。大棚内畦沟铺地膜或干稻草，隔离土壤水分进入大棚。晴天中午前后在大棚背风面适当通风，降低棚内湿度。早春遇连续阴雨低温，突然天气转晴时，不可立即揭膜通风，可采用适当遮阴的办法减弱光照和降温，待膜内瓜苗恢复正常后再逐渐通风，以防凋萎。二是增加补光加温设施。冬春常常低温阴雨，光照不足且湿度过大，西瓜播种育苗难度加大，可以改进设施，在育苗棚内安装白炽灯补光，或采用电加温线等方式加温，促进种子发芽和秧苗生长，大田栽培宜采用无滴水膜增加透光率。定植前适当增高畦高，增加植株受光率等措施改善光照

条件，若持续无日照时间超过5天，应采用补光灯进行人工补光，可采用白炽灯、节能灯或LED灯等（见图4.16），一般不采用高压钠灯。此外，可采用适当浓度的矮壮素或多效唑处理秧苗植株，或适当喷施钙素配方肥，抑制瓜苗徒长，提高壮苗指数。三是防控病虫发生危害。棚内湿度较大时，应采用烟熏剂或喷粉状药剂预防病虫害，并注意防止药害。水剂宜在晴天喷药，喷药后及时通风，降低棚内湿度。同时应及时

图4.16　西瓜育苗增温补光

清除枯枝黄叶、病叶、病果，并将其移出棚外。四是补充营养促生长。待天气晴好及时喷施叶面营养液，以增强植株抗性，促进植株恢复生长；僵苗及长势较弱的植株，采用磷酸二氢钾、芸薹素等叶面肥进行根外追肥。

（3）台风暴雨（梅汛）。

①发生时间：通常在5月下旬至6月上中旬入梅，7月上中旬出梅，降雨量大，基地尤其是低洼基地容易受淹，影响瓜的品质，造成水浸瓜或倒瓤瓜；夏秋季7—9月是台风高发季，狂风暴雨，往往造成设施损毁，瓜田受淹，植株死亡，对西瓜生产影响较大。

②危害症状：一是基地受淹，植株死亡或生长不良。台风暴雨、连阴雨天气导致西瓜基地田间普遍出现积水，地势低洼的基地受淹，土壤持水量接近饱和，根系发生渍害，西瓜凋萎死亡，减产明显，甚至绝收，损失达100%（见图4.17—图4.20）。二是设施损毁，病虫害

图4.17　西瓜受淹内涝

图4.18　西瓜内涝

图4.19　西瓜内涝后绝收

图4.20　大棚西瓜内涝受淹绝收

加重。因台风暴雨，瓜田易被冲毁，大棚设施易受损，农膜被吹破。高温多雨、湿度高会导致疫病、霜霉病、白粉病等病虫害加剧，造成西瓜植株提前衰败、倒藤（见图4.21—图4.24）。三是产量品质下降。水分过多或灌溉不均匀、淹水等会造成水分管理不平衡，严重影响西瓜品质，还容易引起西瓜空心、裂瓜或水浸瓜或倒瓤瓜；连续阴雨天，棚内湿度大，影响西瓜钙的吸收，缺钙或钙不足容易脐腐裂瓜。

　　③应对措施：关注天气预报，一旦获悉台风暴雨来临，要根据台风暴雨等级及生产情况，有针对性地采取措施，做好防范，减少因灾损失。一是加固设施，防范大风。尽量揭膜防风，修复加固大棚等设施。当预报风力大于10级时，应根据设施抗风情况及时卸膜保棚，

图4.21 台风损毁大棚膜

图4.22 西瓜因台风受灾

图4.23 因台风受灾

图4.24 西瓜毛竹架大棚因台风受灾

设施设备及时转移到安全场所。二是及时抢收，排水、防涝、降渍。及时组织抢收成熟和即将成熟西瓜，减少因灾损失。要疏通沟渠，有条件的在瓜田基地四周筑挡水围堰坝，想方设法尽快排除瓜地积水，防止内涝渍水，防止西瓜根系渍水时间过长凋萎死亡；必要时采用抽水机强排，防止涝害，尤其要防止设施机器、仓库农资等受淹损坏。三是加强田间管理，防病治虫。台风过后应及时开沟排水，修复受损设施，扶理植株，清洗污泥，清除病株、病叶、老叶等，改善通风条件，降低田间湿度，中耕松土，薄肥勤施，可结合喷药追施叶面肥，促进植株恢复正常生长。台风灾后易造成病害流行，应切实做好灾后田间病虫监测，重点防治软腐病、疫病、炭疽病、根腐病等病害，斜纹夜蛾、甜菜夜蛾、黄条跳甲、烟粉虱、潜叶蝇等虫害，选用对口高效、低毒低残留药剂，注意农药安全间隔期。四是补种改种，恢复生产。受台风暴雨影响成灾绝收的瓜田，应及时清理植株残体，利用高温天气搞好土壤消毒处理（灌水浸田、高温闷棚等），合理布局安排下季瓜菜生产。可根据市场行情及农时季节等因素，因地制宜播种速生叶菜，或种植秋茬瓜类、茄果类、西兰花等蔬菜，培育壮苗，及时定植，尽快恢复生产。

（4）高温干旱。

①发生时间：持续高温干旱天气一般发生在7—9月，由于西瓜大棚两边无通风口，只能靠棚两头通风（见图4.25），通风降温不良，往往会发生40℃以上极端高温，难以满足西瓜生长发育和蒸腾大量耗水需要，容易引起生理性障碍，导致西瓜的产量、质量下降甚至植株早衰而倒藤，损失率达约30%。若种植秋西瓜，7—8月的高温伏旱天气对育苗移栽及前期生长也增加了管理难度，瓜苗成苗率下降，植株徒长，蚜虫、烟粉虱、瓜绢螟等虫害易发生。

②危害症状：西瓜棚内40℃以上高温干旱天气容易造成植株生

图4.25　大棚西瓜通风降温

长不良，品质下降，早衰而绝收，尤其是高温逼熟造成水浸瓜，又称果肉溃烂病，或造成西瓜日灼病而失去商品性（见图4.26）。成熟果实受到高温高湿或阳光的直射，致使养分、水分的吸收和运转受阻，导致瓜瓤内种子周围呈现水浸状，瓜瓤溃烂，严重时种子四周的果肉变紫溃烂，肉软味差，无法食用。持续阴雨天后突然转晴高温，或土壤忽干忽湿，水分变化剧烈，西瓜植株容易产生生理障碍（见图4.27）。日灼病是西瓜果实在日光的直接照射下，温度过高（果面温度持续超过45℃）造成的一种生理性病害，夏季日照时间长，土壤干旱时容易发生。

图4.26 大棚西瓜高温受灾

③应对措施：一是加强田间管理。晴热高温天气，要加强温光和肥水管理，除棚两头通风外可在棚膜上加盖遮阳网、旧棚膜，必要时也可在棚顶挖孔通风（见图4.28），采取遮阳降温、棚膜打泥浆降低温度光照（见图4.29）；加强肥水运筹，宜在高温天气的早晨、夜间低温时进行，有条件的采用微灌灌溉，薄肥勤施，适当增加灌水次数，做到浇水少量多次，在傍晚或早晨滴灌，并结合防病治虫喷施0.2%~0.3%磷酸二氢钾等叶面肥，防止倒藤。西瓜果实应有叶片

图4.27　西瓜因高温伏旱影响植株长势

图4.28　高温期在西瓜大棚顶挖洞通风降温　　　图4.29　大棚西瓜为防高温涂泥降温

遮盖，也可用杂草等物遮盖，避免阳光直接暴晒，并适时采收，防止日灼病。植株管理以养护根系、藤蔓为主，控制坐瓜数量，适当减少坐果量，恢复植株长势。二是防病治虫。夏季高温季节害虫高发，蚜虫、烟粉虱、潜叶蝇、蟓虫和蛾类等害虫高发，尤其是蓟马、螨虫等危害加重，应采取以农业、物理、生物防治技术为主，化学农药为辅的综合防治策略。综合应用杀虫灯、性诱剂、防虫网、色板等物理措施，必要时采用乙基多杀菌素等高效低毒低残留对口药剂适期防治，严禁使用氧乐果、水胺硫磷、毒死蜱、乙酰甲胺磷和丁硫克百威等高毒违禁农药，严格执行安全间隔期，确保产品质量安全。连续坐果后，植株抗性下降情况下尤其要注意病虫害防治，重点防治西瓜炭疽病、蔓枯病、白粉病的危害，防止植株因病虫为害而早衰。三是闷棚消毒。要利用好夏季高温，在大棚西瓜下市后，及时筑田埂灌水洗盐，结合整地翻耕土壤，暴晒或高温闷棚，撒施棉隆、石灰氮或生石灰，对大棚土壤进行消毒，可改良土壤，杀灭土传病虫害，为秋冬茬大棚瓜菜或接茬甘蔗（见图4.30）生产打好基础。定植前要提前拉开覆盖薄膜，将土壤摊开透气7天以上，以防后季农作物药害。

图4.30　大棚西瓜后作种植甘蔗

3.西瓜灾害性天气应对措施明白图

西瓜生产与灾害天气月历表												
月份	11月	12月	翌年1月	2月	3月	4月	5月	6月	7月	8月	9月	10月
生产周期	拉蔓清理期	育苗与大田准备	育苗期与定植准备		伸蔓期		开花坐果期及采收期					
灾害性天气	—	低温、连阴雨、干旱	低温、连阴雨		连阴雨、低温、冰雹	低温、冰雹	暴雨洪涝、冰雹	台风、高温、冰雹、干旱	台风、高温、干旱	台风、干旱、连阴雨	低温、干旱、连阴雨

续图

	受灾症状	产生危害
低温冻害	西瓜育苗期、生长前期如碰到持续低温等恶劣天气，容易受冻害或冷害，植株秧苗出现黄苗弱芽、沤根、烧根等现象，或僵苗不发，根系停止生长，主根和侧根变成铁锈色，严重者根表皮腐烂，不发生新根。	重者幼苗萎蔫，植株矮小，生长缓慢，根发黄甚至褐变，新生根少；严重的植株受冻萎蔫，呈水浸状，整株死亡。

灾前预防措施

(1)合理安排茬口，适期播种育苗与定植。根据设施类型及管理经验水平，选用特早熟、早熟或避雨栽培，改善设施条件，适当推迟播种育苗或移栽的，可避免或减轻低温冻害发生。
(2)应急保温防寒。遇低温天气，大棚适当提早关闭，覆膜保温，夜间采取多层覆盖保温措施，最低温度不低于5℃时，可临时加盖无纺布等覆盖物，必要时可采用加温、点蜡烛、补光等应急措施，减轻冻害发生，同时注意用电用火安全。
(3)加固大棚设施。遇大风冰雹天气要及时固定好西瓜棚膜、压好压膜线，及时修补损坏的棚膜，采取多层覆盖保温措施，闭棚防寒。下雪天要加固支撑，及时清除棚上积雪，防止设施被雪压塌。

灾后恢复措施

(1)加强田间温度管理。低温冻害后应进行缓慢升温，使植株恢复正常生产，骤晴天气还应注意及时回帘，避免通风或增温过快，以防植株萎蔫。重点应对大棚多层覆盖保温、通风降湿、揭膜见光、苗床增温、补光灯补光等管理措施，适当控制氮肥施用，做到育苗土壤(基质)不发白不浇水，要浇就中午同温水浇透。
(2)加强播种育苗移栽管理。抢晴天播种育苗，及时搭建小拱棚。加强通风光透光管理，降低棚内湿度，对刚定植的秧苗应根据苗情及天气状况，适当降温炼苗，浇冷尾暖头，在土温12℃以上选晴天定植；定植前浇定根肥水，膜口盖严，搭建小拱棚保温，保持棚内温度28～32℃；缓苗后温度控制在25～30℃；根据秧苗长势，必要时用300倍磷酸二氢钾溶液浇株，加强温湿度管理；如出现死苗，应立即补栽。

	受灾症状	产生危害
阴雨寡照	阴雨寡照天气会造成西瓜秧苗质量差，根系弱，萎黄，病害重；或植株徒长，移栽后植株发黄，新根少，发棵慢，或整株枯黄凋亡、僵苗；或花芽分化不良，花粉不容易萌发，活力下降，不容易授粉受精，造成坐不住瓜不跑藤。	生长较长时间处于停滞状态，幼苗生长量小，容易造成叶片萎蔫或凋亡死亡。

预防措施(灾前灾后一道防)

(1)开沟降渍水通风降湿。及时清沟理渠，开好田间排水沟，防止渍害，提高根系活力。加强大棚保温降湿，采用多层覆盖保温，夜间加盖无纺布等保温材料。大棚沟畦沟铺地膜或干稻草，隔离土壤水分进入大棚。晴天中午前后在大棚背风面通风，降低棚内湿度。早春遇连续阴雨低温，突然天气转晴，不可立即揭膜通风，可采用适当遮阴的办法减弱光照和降温，待膜内西瓜恢复正常后，再逐渐通风。
(2)增加补光加温设施。可以采用育苗棚内安装白炽灯补光，或采用电加温线等加温措施，促进种子发芽和秧苗生长。大田栽培宜采用滴水棚膜增加透光率。定植前适当增高垄高增加植株的受光率等，改善光照条件，若持续无日照时间超过5天，应采用白炽灯、节能灯或LED灯等补光灯进行人工补光，一般不采用高压钠灯。此外，可采用适当浓度的矮壮素或多效唑处理秧苗根株，或适当喷施钙素配方肥，抑制徒长，提高壮苗指数，但必须控制浓度，防止长时间僵苗。
(3)防控病虫发生危害。棚内湿度较大时，应采用烟熏剂或喷粉状药剂预防病虫害，并注意防止药害。水剂宜在晴天喷药，喷药后及时通风，降低棚内湿度。
(4)补充营养促生长。待天气晴好及时喷施叶面营养液，以增强植株抗性，促进植株恢复生长；僵苗及长势较弱的植株，要采用磷酸二氢钾等叶面肥进行根外追肥。

	受灾症状	产生危害
台风暴雨（梅汛）	台风暴雨（梅汛）天气导致基地田间普遍出现积水，地势低洼的基地受淹，土壤持水量接近饱和，根系溃害，设施损毁，病虫害加重。水分管理不平衡，易引起西瓜空心、裂瓜或水浸瓜或倒瓤瓜。影响西瓜钙的吸收，容易造成脐腐裂瓜。	西瓜植株生长不良甚至凋萎死亡，减产明显，甚至绝收。严重影响西瓜品质。

灾前预防措施

关注天气预报，一旦获悉台风、暴雨梅汛来临，根据台风暴雨等级及生产情况，有针对性采取措施，做好防范，减少因灾损失。

（1）加固设施，防范大风。尽量揭膜防风，修复加固大棚等设施。当预报风力大于10级时，根据设施抗风情况及时卸膜保棚，设施设备及时转移到安全场所。

（2）及时抢收，排水防涝渍害。及时组织抢收成熟和即将成熟西瓜，减少因灾损失。疏通沟渠，有条件的在瓜田基地四周筑标水围墙堰坝，想方设法确保能尽快排除瓜地积水，防止内涝渍水，防止西瓜根系渍水时间过长凋萎死亡；必要时采用抽水机强排，防止涝害，尤其要防止设施机器、仓库农资等受淹损坏。

灾后恢复措施

（1）加强田间管理。台风过后及时开沟排水，修复受损设施，扶理植株，清洗污泥，清除病株、病叶、老叶等，改善通风，降低田间湿度，中耕松土，薄肥勤施，可结合喷药追施叶面肥，促进植株恢复正常生长。

（2）防治病虫害。做好灾后田间病虫监测，重点防治软腐病、疫病、炭疽病、根腐病等病害，斜纹夜蛾、甜菜夜蛾、黄条跳甲、烟粉虱、潜叶蝇等虫害，选用对口高效低毒低残留药剂，注意农药安全间隔期。

（3）及时补种改种。受台风暴雨影响成熟绝收的瓜田，及时清理植株残体，利用高温天气搞好土壤消毒处理（灌水浸田、高温闷棚等），合理布局安排下季瓜菜生产。

	受灾症状	产生危害
高温干旱	成熟果实受高温高湿或阳光的直射，养分、水分的吸收和运转受阻，导致瓜瓤内呈现水浸状，瓜瓤溃烂，严重时种子四周的果肉变紫溃烂，肉软味差，无法食用。持续阴雨天后突然转晴高温，或土壤忽干忽湿，水分变化剧烈，西瓜植株容易产生生理障碍时发病重。	西瓜植株生长不良，品质下降，植株早衰而绝收，尤其是高温逼熟造成水浸瓜，或造成西瓜日灼病而失去商品性。

预防措施（灾前灾后一道防）

（1）加强田间管理。晴热高温天气，要加强温光和肥水管理，除棚两头通风外可在棚膜上加盖遮阳网、旧棚膜，必要时也可在棚顶挖孔通风，采取遮阳降温、棚膜打泥浆降低温度光照；加强肥水运筹，宜在高温天气的早晨、夜间低温时进行，有条件的采用微灌灌溉，薄肥勤施，适当增加浇水次数，做到少量多次，在傍晚或早晨滴灌，并结合防病治虫喷施0.2%～0.3%磷酸二氢钾等叶面肥，防止倒藤。西瓜果实应有叶片遮盖，也可用杂草等物遮盖，避免阳光直接曝晒，并适时采收，防止日灼病。植株管理以养护根系、藤蔓为主，控制坐瓜数量，适当减少坐瓜，恢复植株长势。

（2）综合防治虫。植株抗性下降情况下尤其要注意病虫害防治，重点防治西瓜炭疽病、蔓枯病、白粉病的危害，防止植株早衰。

（3）高温闷棚消毒。要利用好夏季高温，在大棚西瓜下市后，及时筑田埂灌水灭茬，加结合整地翻耕土壤，暴晒或高温闷棚，撒施棉隆、石灰氮、生石灰，对大棚土壤进行熏蒸消毒，改良土壤，杀灭土传病虫害，为秋冬若大棚瓜菜或接茬甘蔗生产打好基础。定植前要提前拉开覆盖蓬膜，将土壤摊开透气10天以上，以防止农作物产生药害。

（胡美华执笔）

（二）番茄

1. 番茄生长月历及可能发生的气象灾害

浙江番茄栽培始于 20 世纪 40 年代，以城市郊区生产鲜食番茄为主。20 世纪 80 年代起，嘉善等平原地区利用设施栽培技术优势发展了冬春型和秋延后型番茄栽培，临安、婺城等地则借助山区气候优势发展了高山夏秋番茄栽培，番茄种植面积不断扩大，迅速发展成为主要果菜之一。进入 21 世纪以后，苍南等地大力推进越冬设施番茄发展，番茄生产区域由浙北、浙中、浙东向浙东南沿海进一步扩展，形成了大棚越冬栽培、大棚春提前栽培、山地大棚越夏长季栽培等主要模式。

表 4.5 的番茄生长月历以主要栽培模式——冬春季设施栽培为例进行说明。

2. 气象灾害对番茄生长的影响及对策

（1）低温冻害。

①发生时间：番茄低温冻害一般发生在 12 月—翌年 2 月，通常发生大棚春提前栽培苗期及大棚越冬栽培开花结果期。轻则叶片冻伤，造成不同程度减产；重则植株全部冻死，导致绝收。

②危害症状：遇急剧寒流或持续低温时，番茄苗中部叶片或成株上部叶片常受冻害。叶片受冻害后，首先是叶片表现为褪绿发黄，叶片脱水后主脉间的叶肉呈黄白色，但叶脉附近常保持绿色，叶背常向上反卷，严重时茎叶干枯（见图 4.31、图 4.32）。从田间分布看，一般大棚（苗床）的四周重于中间，特别是大棚两边，但总体分布较均匀，没有中心病株。番茄遭受冻害后，轻者造成不同程度减产，重者植株全部冻死，导致绝收。

③预防措施：一是因地制宜选用耐低温的品种。如巴菲特、红宝石、惠福、天禄 1 号等。二是适期播种。根据不同设施和育苗条件确定播种期。三是防冻保暖。密切注意天气预报，降温时，注意防止设施大棚内气温降到危害温度以下。一般可采用多层覆盖保暖，必要时可采用锅炉加热、燃烧蜡烛加热等增温措施。四是喷施叶面肥。降温前，及时在叶面喷施叶面肥，提高农作物抗寒能力。

表4.5 番茄生长月历及可能发生的灾害性天气（主栽模式——冬春季设施栽培为例）

月份		9月			10月			11月			12月			翌年1月			2月			3月			4月			5月			6月		
		上旬	中旬	下旬	上旬	中旬	下旬	上旬	中旬	下旬	上旬	中旬	下旬	上旬	中旬	下旬	上旬	中旬	下旬	上旬	中旬	下旬	上旬	中旬	下旬	上旬	中旬	下旬	上旬	中旬	下旬
生育期		育苗期						育苗期 定植期			育苗期 定植期			定植期 采收期			定植期 采收期			采收期											
敏感条件		温、水						温、水、肥															水、肥								
灾害天气危害等级			★		★							★★★			★★★			★★			★							★			
可能发生的灾害性天气	台风		∨																												
	洪涝																										∨			∨	
	干旱		∨			∨						∨			∨			∨			∨										
	低温冻害																														

图4.31　刚移栽的番茄受冻

图4.32　采收期番茄不同程度受冻

　　④恢复措施：一是冻害较轻的番茄。在低温影响后喷施药剂，增强植株抵抗力，这种方法能够在一定程度上增强植株抵抗力，从而削弱低温带来的不利影响。冻害发生后，上午要早放风，下午要晚放风，尽量加大放风量，避免升温过快，导致寄主细胞的冰晶慢慢融化成水，并被原生质吸收，以减轻受冻害的程度。二是冻害严重补救。冻害较重番茄宜拔除病株死株，补种或改种其他农作物。三是加强田间管理。要认真检查大棚膜，防止冷空气进入大棚内，晚上采用"三

膜四膜"及以上的保温防冻措施。注意适时通风换气，降低棚内湿度，减少发病风险。循序渐进增加光照，白天尽量揭去棚内覆盖物，特别是不透明的无纺布等覆盖材料，有条件的可用灯光补光，以提高植株恢复能力（见图4.33）。四是病虫害防治。番茄苗受冻害后抵抗力下降，往往更易受到病害的侵袭，要结合病虫害的预测预报，及时做好防治工作。一般若棚内湿度较大，应采用烟熏剂或喷粉状药剂预防病虫害。水剂宜在晴天喷药。同时应及时清除枯枝黄叶、病叶、病果，并移出棚外。待天气晴好时，及时喷施叶面营养液，以增强植株抗寒性，促进其尽快恢复生长；受冻害的弱苗、僵苗及长势较弱的大棚蔬菜，可以用481芸薹素和氨基酸类营养液等进行根外追肥。

（2）阴雨寡照。

①发生时间：阴雨寡照天气一般出现在冬春季，通常发生大棚春提前栽培苗期以及大棚越冬栽培开花结果期。春提前栽培秧苗如遇连续阴雨寡照天气，易造成根系弱、缓苗慢、病害重，导致种植季节延迟，影响早期产量和品质；越冬番茄开花结果期遇连续阴雨寡照天气，易造成植株徒长，抵抗力下降，灰霉病、疫病等病害加重，不利植株坐果，轻则影响果实品质，重则造成大幅减产。

②危害症状：育苗期症状。田间湿度太大，番茄不能正常播种育苗；连阴雨天气常使田间积水，地温降低，致使移栽后的番茄根系生

图4.33　越冬番茄多层覆盖外加燃烧蜡烛保温

长缓慢，不利于缓苗，严重的发生沤根、诱发疫病。开花结果期症状。光照不足时，番茄光合作用减弱，叶片发黄，抵抗力下降，坐果不良（见图4.34）。同时湿度太大容易出现裂果、果实形成斑点等问题，严重时灰霉病、疫病等病害发生较重，易导致番茄植株长势变弱，严重的会造成大幅减产，即使已经接近成熟的果实，也会发生不同程度腐烂，失去商品性。

③应对措施：一是加强大棚保温降湿。采用多层覆

图4.34　番茄晚疫病

盖保温，夜间加盖无纺布等保温材料。大棚内畦沟铺地膜或干稻草，隔离土壤水分进入大棚。晴天中午前后在背风面通风，降低棚内湿度。二是增加补光加温设施。由于缺乏光照、气温偏低、湿度过大，番茄的播种、育苗难度加大，可以采用在育苗棚内安装白炽灯补光或采用电加温线等措施加温，促进种子发芽和秧苗生长，大田栽培宜采用无滴水膜增加透光率。定植前可通过适当增高垄高、增加植株的受光率等措施改善光照条件，若持续无日照超过5天，应采用补光灯进行人工补光。此外，可采用药物处理花体，减少落花、落果，或适当喷施钙素配方肥，抑制种苗徒长，减少落叶，提高全株干物质含量和壮苗指数。三是防控病虫发生危害。棚内湿度较大时，应采用烟熏剂或喷粉状药剂预防病虫害。水剂宜在晴天喷药。同时应及时清除枯枝黄叶、病叶、病果，并移出棚外。四是补充营养促生长。待天气晴好及时喷施叶面营养液，以增强植株抗性，促进其尽快恢复生长；僵苗及长势较弱的番茄，可以用481芸薹素和氨基酸类营养液等进行根外

追肥。

（3）台风。

①发生时间：夏、秋季是台风高发季，秋季10月正值越冬番茄育苗移栽期，台风带来的大风大雨会造成育苗设施损毁、秧苗受淹等，影响在育番茄苗长势，发生移栽期推迟、已移栽秧苗存活率下降、移栽期缺苗现象，后期补苗会导致整个生产季节推迟，影响早期产量，且易造成后期大量集中上市，造成价格低迷甚至滞销。

②危害症状：台风带来的大风大雨易造成番茄基地受淹，大棚等设施损毁（见图4.35），基地排涝困难甚至会出现河水倒灌现象。持续降雨会造成正在育苗的番茄秧苗遭遇严重水灾，存活率下降，影响移栽等农事的开展。已移栽大田的秧苗受淹后（见图4.36），存活率会下降甚至出现秧苗大面积死亡，后续补种将造成番茄推迟或集中上市，台风后存活的植株，因土壤墒情过高，病害发生重。

③预防措施：当预报台风风力小于10级时，采取加固设施措施，及时加围裙、闭棚防风，保证棚膜、设施及农作物的安全；当预报风力大于10级时，特别是台风中心经过的地方风力达12级以上时，要果断卸膜保棚，能转移的农作物及时转移到安全场所；抢在台风最大风力到来前完成卸膜保棚等各项应急措施，情况紧急时采取割膜保棚

图4.35　台风造成设施损毁

图4.36 番茄秧苗被淹

措施。

④应对措施：一是及时清沟排水。及时疏通沟渠、开启机埠，修复被毁设施，尽快排干菜田积水，降低水位，防止番茄根系渍水时间过长而凋萎死亡。及时修复大棚、育苗棚等受损设施，尽早恢复生产。二是加强田间管理。加强在田秧苗的管理与病虫害防治。及时扶理植株，摘除残枝病叶，清理污泥，喷施一次叶面肥或追施速效肥，并适时进行中耕、松土、培土等，促使番茄恢复生长。三是做好病虫害防治。加强病虫监测，及早防治软腐病、疫病等病害，优先选用生物物理防治措施，必要时选用高效低毒低残留对口药剂防治，注意用药时间、浓度和方法与安全间隔期。四是及时安排改种。对受灾严重或绝收的田块，要及时清园，进行土壤消毒等措施，并根据市场行情适期补种，也可根据市场行情改种补充其他蔬菜。

3. 番茄灾害性天气应对措施明白图

番茄生产与灾害天气月历表（主栽模式——冬春季设施栽培为例）									
月份	9月	10月	11月	12月	翌年1月	2月	3月	4月	5月	6月
生产周期	育苗、定植				育苗、定植、始收	定植、采收		采收		
灾害性天气	台风、干旱、连阴雨	低温、干旱、连阴雨		低温、连阴雨、干旱		低温、连阴雨		连阴雨、低温、冰雹	低温、冰雹	暴雨、洪涝、冰雹

续图

低温

受灾症状	产生危害
首先是叶片表现为褪绿发黄，叶片脱水后主脉间的叶肉呈黄白色，但叶脉附近常保持绿色，叶背常向上反卷，严重时茎叶干枯。从田间分布看，一般大棚（苗床）的四周重于中间，特别是大棚两边，但总体分布较均匀，没有中心病株。	轻者造成不同程度减产，严重时植株全部冻死，导致绝收。

灾前预防措施

（1）因地制宜选用耐低温的品种，如巴菲特、红宝石、惠福、天禄1号等。
（2）适期播种：根据不同设施和育苗条件确定播种期。
（3）防冻保暖：密切注意天气预报，降温时，注意防止设施大棚内气温降到危害温度以下。一般可采用多层覆盖保暖，必要时可采用锅炉加热、燃烧蜡烛加热等增温措施。
（4）喷施叶面肥：降温前，及时在叶面喷施叶面肥等，提高农作物抗寒能力。

灾后恢复措施

（1）冻害较轻番茄补救：在低温影响后喷施药剂，增强植株抵抗力，这种方法能够在一定程度上增强植株抵抗力从而削弱低温带来的不利影响。冻害发生后，上午要早放风、下午要晚放风，尽量加大放风量，以避免升温过快，使寄主细胞的冰晶慢慢融化成水，并被原生质吸收，以减轻受冻害的程度。
（2）冻害严重补救：冻害较重番茄宜拔除病株死株，补种或改种其他农作物。
（3）加强田间管理：要认真检查大棚膜，防止冷空气进入大棚内，晚上采用"三膜四膜"及以上的保温防冻措施。注意适时通风换气，降低棚内湿度，减少发病风险。循序渐进增加光照，白天尽量揭掉棚内覆盖物，特别是不透明的无纺布等覆盖材料，有条件的可用灯光补光，以提高植株恢复能力。
（4）灾后病虫害防治。番茄苗受冻害后抵抗力下降，往往更易受到病害的侵袭，结合病虫害的预测预报，及时做好防治工作。一般若棚内湿度较大，应采用烟熏剂或喷粉状药剂预防病虫害。水剂宜在晴天喷药。同时应及时清除枯枝黄叶、病叶、病果，并移出棚外。待天气晴好及时喷施叶面营养液，以增强植株抗寒性，促进其尽快恢复生长；受冻害的弱苗、僵苗及长势较弱的大棚蔬菜，可以用481芸薹素和氨基酸类营养液等进行根外追肥。

阴雨寡照

受灾症状	产生危害
（1）育苗期。田间湿度太大，造成番茄不能正常播种育苗；连阴雨天气常使田间积水，地温降低，致使移栽后的番茄根系生长缓慢，不利于缓苗，严重的发生沤根、诱发疫病。 （2）开花结果期。光照不足时，番茄光合作用减弱，叶片发黄，抵抗力下降，坐果不良，同时湿度太大容易出现裂果、果实形成斑点等问题，严重时灰霉病、疫病等病害发生较重，易导致番茄植株长势变弱，严重的会造成大幅减产，即使已经接近成熟的果实也会发生不同程度腐烂失去商品性。	春提前栽培秧苗如遇续阴雨寡照天气，易造成根系弱、缓苗慢、病害重，导致种植季节延迟，影响早期产量和品质；越冬番茄开花结果期遇连续阴雨寡照天气，易造成植株徒长，抵抗力下降，灰霉病、疫病等病害加重，不利植株坐果，轻则影响果实品质，重则造成大幅减产。

预防措施

（1）加强大棚保温降湿。采用多层覆盖保温，夜间加盖无纺布等保温材料。大棚内畦沟铺地膜或干稻草，隔离土壤水分进入大棚。晴天中午前后在背风面通风，降低棚内湿度。
（2）增加补光加温设施。由于缺乏光照、气温偏低、湿度过大，番茄播种、育苗难度加大，可以育苗棚内安装白炽灯补光，或采用电加温线等加温，促进种子发芽和秧苗生长，大田栽培宜采用无滴水膜增加透光率。定植前适当增高垄高增加植株的受光率等措施改善光照条件，若持续无日照时间超过5天，应采用补光灯进行人工补光。此外，可采用药物处理花体，减少落花、落果，或适当喷施钙素配方肥，抑制徒长，减少落叶，提高全株干质量和壮苗指数。
（3）防控病虫发生危害。棚内湿度较大时，应采用烟熏剂或喷粉状药剂预防病虫害。水剂宜在晴天喷药。同时应及时清除枯枝黄叶、病叶、病果，并移出棚外。
（4）补充营养促生长。待天气晴好及时喷施叶面营养液，以增强植株抗性，促进其尽快恢复生长；僵苗及长势较弱的番茄，可以用481芸薹素和氨基酸类营养液等进行根外追肥。

续图

	受灾症状	产生危害
台风	台风带来的大风大雨，易造成番茄基地积涝，大棚等设施损毁，基地排涝困难，甚至出现河水倒灌现象。持续降雨造成正在育苗的番茄秧苗遭遇严重水灾，存活率下降，影响移栽等农事的开展。已移栽大田的秧苗受涝后，存活率下降甚至大面积死亡，后续补种将造成推迟或集中上市，台风后存活的植株，因土壤墒情过高，病害发生重。	夏秋季是我省台风高发季，尤其是10月秋季台风，正值越冬番茄育苗移栽期，台风带来的大风大雨造成育苗设施损毁，秧苗受涝等，影响在育番茄长势，导致移栽期推迟，已移栽秧苗存活率下降，导致番茄栽期缺苗现象，后期补苗导致整个生产季节推迟，影响早期产量，且易造成后期大量集中上市，造成价格低迷甚至滞销。

灾前预防措施

（1）当预报台风风力小于10级时，采取加固设施措施，及时加围裙、闭棚防风，保证棚膜、设施及农作物的安全。
（2）当预报风力大于10级时，特别是台风中心经过的地方风力达12级以上，要果断卸膜保棚，能转移的农作物及时转移到安全场所。
（3）抢在台风最大风力到来前完成卸膜保棚等各项应急措施，情况紧急时采取割膜保棚措施。

灾后恢复措施

（1）及时清沟排水。及时疏通沟渠、开启机埠，修复被毁设施，尽快排干菜田积水，降低水位，防止番茄根系渍水时间过长涝萎死亡。及时修复大棚、育苗棚等受损设施，尽早恢复生产。
（2）加强田间管理。加强在田秧苗的管理与病虫害防治，及时扶理植株，摘除残枝病叶，清理污泥，喷施一次叶面肥或追施速效肥，并适时进行中耕、松土、培土等，促使番茄恢复生长。
（3）做好病虫害防治。加强病虫监测，及早防治软腐病、疫病等病害，优先选用生物物理防治措施，必要时选用高效低毒低残留对口药剂防治，注意用药时期、浓度和方法与安全间隔期。
（4）及时安排改种。对受灾严重或绝收的田块，要及时清园，进行土壤消毒等措施，并根据市场行情适期补种，也可根据市场行情改种补充其他蔬菜。

（杜叶红执笔）

复习思考题

1. 西瓜受阴雨寡照影响有哪些应对措施？
2. 西瓜受台风暴雨影响有哪些危害症状？
3. 番茄受台风影响有哪些预防措施？

三、果树类

（一）柑橘

1. 柑橘生长月历及可能发生的气象灾害

柑橘树一年中的生命活动随季节变化呈现一定的规律。生长、发育对节候的反应称为物候期。物候期按不同的需求可采用不同的划分方法。结合浙江柑橘生产实际，为便于生产管理，可分为花芽分化期、春梢发生期、开花期、生理落果期、夏梢发生期、果实膨大期、秋梢发生期、成熟采收期。灾害性天气是指柑橘生产过程中，出现不利于柑橘正常生长甚至造成橘树异常的气候现象。常见的有低温冻害、台风和涝害、高温干旱等。表4.6以柑橘生长月历为例进行说明。

2. 气象灾害对柑橘生长的影响及对策

（1）低温冻害。

①发生时间：柑橘抗冻性较差，低温冻害多发生在冬季和初春。一般柑橘品种只能抵御约-7℃的低温，温州蜜柑可以忍受约-9℃的低温。冻害问题一直在柑橘自然灾害中处于第一位，各柑橘产区，尤其是浙江省，处于柑橘种植的北缘地区，经常出现低温冻害现象，对柑橘生产造成十分严重的影响。

②危害症状：柑橘对冬季低温较为敏感，当温度降至柑橘忍耐的限度以下时就会发生冻害，轻则落叶枯梢，重则损失枝干，甚至整株死亡（见图4.37）。叶片在受冻时会卷曲，继而出现油渍状或黑褐色

图4.37 柑橘低温冻害

表4.6　柑橘生长月历及可能发生的灾害性天气

月份		1月			2月			3月			4月			5月			6月			7月			8月			9月			10月			11月			12月		
		上旬	中旬	下旬	上旬	中旬	下旬	上旬	中旬	下旬	上旬	中旬	下旬	上旬	中旬	下旬	上旬	中旬	下旬	上旬	中旬	下旬	上旬	中旬	下旬	上旬	中旬	下旬	上旬	中旬	下旬	上旬	中旬	下旬	上旬	中旬	下旬
生育期		花芽分化期						春梢发生期、现蕾期						花期			生理落果期			夏梢发生期			果实膨大期						果实成熟期、采收期								
敏感条件		温																		温、水												温					
灾害天气危害等级																	★★★			★★★★			★★★★			★★★						★★			★★		
可能发生的灾害性天气	台风																✓			✓			✓			✓											
	洪涝																			✓			✓			✓											
	高温																✓			✓			✓														
	干旱																✓			✓			✓			✓											
	低温冻害	✓			✓			✓																								✓			✓		

斑点，而后受冻叶片会枯萎脱落；枝梢呈焦黄或红褐色，严重的会树皮开裂。果实受冻后果皮出现凹陷，形成斑点，果实内出现汁胞枯水，汁胞与囊壁分离，失去食用价值。柑橘冻害标准见表4.7。

③预防措施：一是冻前灌水。灌水可增加土壤含水量和空气湿度，减少地面辐射，加速深层土温向上传导，减轻冻害。灌水一般应在中午温度较高时进行，灌水量以"灌透"为原则，灌后即排，不积水，并适时中耕，以防灌后结冻。二是培土增温。冬季培土能提高土温，增加肥力，从而达到保护根系的目的。红壤丘陵地最好能培沙土、加塘泥或草皮。培土的高度以超过嫁接口、高出地面35厘米为宜。到翌年春季霜期后，要扒开培土，以防根颈霉烂。三是树干刷白。树干刷白主要是利用石灰的白色反光作用，缩小树体昼夜温差，避免树干冻伤，同时还能消灭隐藏在树干上越冬的真菌、细菌和害虫。刷白的高度以第一主枝以下为宜。四是搭棚或包草。新栽的柑橘树要搭草棚或塑料薄膜棚防冻。搭棚后可减轻平流降温和强烈辐射降温产生的冻害，尤其适用于晴冻型和雪后霜型冻害。此外，在冻前用稻草包扎主干，也可防冻抗寒。五是熏烟防寒。在降温之前，在柑橘园堆积枝叶、杂草、木屑、谷壳等，并用土压成熏烟堆，留出点火口和出烟洞口，在低温来临前点火熏烟，使其产生大量烟雾，从而起到减弱辐射、降温、增加橘园温度、防止霜冻的作用。六是树体管理。避免晚秋梢及冬梢的抽生，同时要施好采果肥，尽快恢复树势，以减轻低温造成的危害。

表4.7　柑橘冻害标准

级别	对树势和产量的影响	叶片	树梢	大枝	树干
0级	未受影响	基本完整	无伤冻	无冻	无冻
1级	稍有影响，影响当年产量较小	25%以下叶枯黄脱落	晚秋梢受冻	无冻	无冻
2级	有损害，影响当年产量较大	50%叶枯黄脱落	秋梢或25%一年生梢受冻	无冻	无冻
3级	伤害比较严重，当年基本无产量	75%以上叶枯黄脱落或卷曲	75%一年生梢受冻，25%二年生梢受冻	部分冻	无冻或微冻
4级	整株有死亡	叶片全落	接近全部死亡	大部分或全部死亡	受冻严重或死亡

④恢复措施：一是注重修剪方法。根据橘树遭受的冻害程度适时、适度进行修剪，适时即修剪时间应在气温稳定回升后进行，一般为2月底—3月下旬，以免受冻严重，修剪树木树宜迟不宜早。适度即根据不同受冻程度，灵活掌握修剪量和对象。轻冻树（1级冻害）：剪去受冻枝梢，掌握轻剪多留叶的原则。一年生枝如无叶可短截至二年生处，有叶枝暂不修剪，尽量保留绿色枝叶。中冻树（2~3级冻害）：待气温回升，受冻枝生死界限明显时，在萌芽处进行更新修剪。修剪程度因树而异，修剪分次进行，先轻后重，确定锯剪部位要从全树整形着眼，以利培养丰产型新树冠为目的。重冻树（4级冻害）：待春梢、夏梢长出后再进行更新修剪。如冻至3~5级主枝，需露骨更新，冻至1~2级则需截干更新。二是及时抹芽控梢。春季气温回升，受冻柑橘树若未枯死，枝干会萌发大量隐芽，芽梢往往形成丛生状，应根据不同冻害程度进行抹芽控梢。受冻较轻树应及时抹去过密和着生位置不当的芽梢，去弱留强，过长新梢要摘心，以利于增加分枝级数；重冻树为有利地上部和地下部生长协调，所萌发的芽梢，春季以不抹芽和少抹芽为宜，夏、秋季根据整形需要，再具体进行抹芽控梢。三是重视肥水管理。如果土壤板结，冻后应提前中耕松土，改善土壤通透条件，提高土温，促发新根。对轻冻树，可在修剪前进行全园深翻，深翻可结合撒施有机肥进行，并有意识犁断部分0.5厘米粗的根系，有利于根系更新。柑橘遭受冻害后，会导致大量落叶，特别是重冻树，修剪后往往叶片减少，地下部得不到地上部养分的有效供应，根系吸收能力弱。春季气温回升，树体萌发大量芽梢，此时养分供应就会出现失调，不利树势恢复。针对受冻树的生理变化，在施肥上要掌握早施、勤施、薄施原则，切忌重肥浓肥以防伤根。2—3月应以速效氮肥为主，施用不少于3次，10年生左右的柑橘树，每株每次施用尿素不少于100克，并兑用稀薄粪水10~15千克，在树盘周围开沟施入。未落叶受冻树，由于冻害叶绿素会减少，加之抽发的新梢常常叶小而薄，光合作用差，进行叶面施肥对提高叶片质量和光合功能有很大作用。叶面喷肥可多次进行，间隔时间以15~20天为宜，一般喷施0.3%尿素加0.2%磷酸二氢钾。如受冻树出现缺素，可根据叶面

判断，对所缺元素结合叶面施肥进行补充。四是及时防治病虫害。清园须强调清除枯枝落叶及倾倒的烂果等废弃物。清园剂可选用常用的石硫合剂、松碱合剂、清园保等（浓度按说明书）。防治树脂病应刮除病部，并涂抹杀菌剂，杀菌剂可选用 50% 多菌灵 100 倍液，或 50% 托布津 200 倍液，或 1：1：10 波尔多液，或 1：4 食用碱水。做好伤口保护工作和树干涂白工作。对于受冻较重进行露骨更新的橘树，采取伤口保护和树干涂白是防治树脂病和日灼病发生的关键措施之一，剪（锯）口要修削成平滑斜口，再用 75% 酒精或 0.1% 高锰酸钾对伤口消毒，消毒后伤口要涂抹保护剂。保护剂用新鲜牛粪（60%~70%）、黄泥（20%~30%）、石灰（5%~10%）、少量毛发调成糊状即成，也可用黄油或凡士林配入 2% 托布津调制。涂白剂可用石灰 5 份，硫黄粉 0.5 份，食盐 0.1 份，桐油 0.1 份，水 20 份调制而成，在涂白剂中加入 0.5%~2% 比例的杀虫、杀菌农药有病虫兼治的作用。

（2）台风和涝害。

①发生时间：台风是热带气旋的一种，每年的 7—9 月是台风活动最为活跃的季节，东南沿海地区几乎每年都会有热带风暴或台风甚至超强台风袭击，引起大风和暴雨，造成橘树伤害和涝害。

②危害症状：台风对橘树的危害轻则折断枝条，吹折幼龄树或初生树，刮落果实；重者折裂主枝、主干，甚至连根拔起（见图 4.38）；台风常伴着暴雨，使橘园遭受水害（见图 4.39）。

③预防措施：一是营造橘园防护林。防护林能对橘树起到显著的防风作用，保护树体，减少落果。设立防风纱、防风网使橘树在大风中全体摇动，相互牵制，既能免于风折又能减少落叶落果。一般来说，网孔小的防风网比网孔大的防风网效果好。二是矮干整形。在沿海地区，选用矮化砧木及矮化整形等方法，有意识地使橘树矮干、低冠，减少树冠受风强度，达到防风效应。三是吊枝、立支柱巩固树体。在台风来临前，应及早做好防台准备，对结果量多负荷重的橘树，应采用吊枝防风，即用一竹木立于树冠中心，用绳索牵拉各方；或立支柱防风，可用留有短侧枝的毛竹梢支撑下垂枝干，以稳固树体和枝干，减少树枝摇动，防止风折枝条。对于幼树和苗木，需立防风

图4.38　柑橘枝条被台风折断

图4.39　橘园遭受水害

杆，防止被风刮倒。四是清沟排水。做好开沟排水工作，保持园内沟渠排水畅通，防止涝害发生。另外，对于山地橘园，要修好防洪沟，挖好保水沟、防止山洪暴发、减少水土流失。

④恢复措施：一是排除积水，清理沟渠。台风期间要搞好开沟排水工作，保持园内沟渠排水畅通，防止涝害发生。对于山地橘园，要修好防洪沟、挖好保水沟从而实现防止山洪暴发、减少水土流失的目的。台风过后，要尽快排除平原橘园中的积水，尤其要开通深沟，降低地下水位，防止坐浆霉根。二是疏松土壤。淹水后的橘园土壤板结，通气性差，应疏松土壤，土层厚的除去一部分表土，然后覆薄层

焦泥灰土或其他覆盖物。如果根系未恢复原状时，地面切忌施人粪尿或尿素水，以免根系再次受伤而影响生长。三是护理伤枝。及时剪去一部分枝叶与疏果，减少蒸发量；淹水严重的橘树，有的出现卷叶、焦叶，直至要死亡的橘树，应立即剪枝、去果、去叶，以减少蒸发量，同时对大枝外露的树体，用1∶10石灰水涂干，并用稻草包扎枝干，以免枝干外露暴晒开裂感病。被台风刮断的枝干要及时加以清理，树上缠挂的漂浮物要及早清除，被风吹倒或歪斜的树体要及时进行扶正，填土压实并设支柱支撑、加固树体。四是综合急救措施。受台风和水淹危害的柑橘树，极易感染病菌，如炭疽病、树脂病等，应全面进行一次预防。药剂可选用80%大生M-45可湿性粉剂600倍液，或50%多菌灵可湿性粉剂，或70%甲基托布津可湿性粉剂，或75%百菌清可湿性粉剂600倍液，或0.5%~0.7%等量式波尔多液，或70%代森锰锌悬浮剂800倍液，或猛杀生或科博等。受台风危害的柑橘，特别是淹没时间长的柑橘树，根系受损严重，吸收肥水能力减弱，不能满足地上部分的正常生长，通过根外追肥能达到补充营养、促进生长的效果。叶面肥可选用翠康生力液、绿芬威2号、绿旺2号、爱多收、氨基酸类、0.2%磷酸二氢钾等，按说明书浓度，隔7~10天喷1次，连喷2~3次。不要在中午高温期间喷施。

（3）高温干旱。

①发生时间：高温干旱多发生在夏、秋季。柑橘遭受干旱时，会出现叶片萎蔫，果实失水。果实膨大期干旱会影响果实发育；严重时出现落叶落果，进而影响树体生长发育，影响当年的产量。

②危害症状：夏季易出现高温天气，柑橘

图4.40 柑橘果实日灼病

树的主要危害是干旱以及高温引起的日灼病（见图 4.40）。柑橘树正处在旺盛的生长发育阶段，是果树年生长周期中最关键的时期，幼果继续膨大、根系处于第二次生长高峰。日灼病是果实在日光的直接照射下，温度过高（果面温度持续超过 45℃）造成的一种生理性病害，因此夏季日照时间长，土壤干旱时容易发生，特别是幼年果树发生普遍。

③预防措施：一是选择合适地形，尽量避免西向或西南向坡地，注意营造防护林网。二是实行生草栽培，早期进行树盘覆盖，改善橘园生态环境。7—9月适时灌水或喷水，以调节果园土壤水分和小气候。夏、秋季防病虫尽量不用石硫合剂和机油乳剂。三是在秋季高温强光照来临前，可在树冠外围易日灼的挂果部位喷 1%~2% 的熟石灰水或者对树冠顶部受阳光直接照射的果实在向阳面贴耐雨水冲淋的白纸（粘贴剂宜用合成胶水），也可对大果类型的柚和脐橙等果实进行套袋。四是有条件的果园，可在日灼发生前，于幼年橘园上方搭盖遮阳网，直接降温。

④恢复措施：一是穴灌。与地面直接浇灌相比，穴灌的水利用率可提高 3~5 倍，是一种节水、省力、高效的灌溉方式。二是滴灌。已安装滴灌设施的果园，开启滴灌设施，成年树每株每天滴水 25~50 千克，小树酌减。三是沟灌或漫灌。水源条件好的果园，在凌晨土壤温度下降后，坡地果园利用背沟进行沟灌，平地果园利用排水沟进行沟灌或漫灌，每次灌足灌透。待下次柑橘叶片出现较严重萎蔫，加之次日凌晨仍不能恢复正常时，则再灌透水一次。四是地面覆盖。用稻草、玉米秆等秸秆或杂草等盖在树盘上，厚度约 10 厘米。覆盖范围，距树干 5 厘米至树冠滴水线外 50 厘米左右。五是杀草覆盖。活草多的果园应喷草甘膦等除草剂将草杀死，覆盖在地面上，减少土壤水分的散失。六是剪除新梢。干旱严重且缺乏灌溉条件的果园，如果未成熟的新梢较多，应及时剪除未成熟的新梢，可有效减少树体水分损失，增强抗旱能力。七是喷稀石灰水。树冠喷布约 2% 的石灰水，可增强反光，降低叶面和果面温度，减少水分蒸腾。但要注意，只能在早晨或夜晚叶面温度低时喷布。

3. 柑橘灾害性天气应对措施明白图

柑橘生产与灾害天气月历表											
月份	1月	2月	3月	4月	5月	6月	7月	8月	9月	10月	11月	12月
生产周期	花芽分化期		春梢发生期、现蕾期		花期、生理落果期、夏梢发生期			果实膨大期		果实成熟期、采收期		
灾害性天气	低温、连阴雨	低温、连阴雨	连阴雨、低温、冰雹	低温、冰雹	暴雨洪涝、冰雹	暴雨洪涝、冰雹	台风、高温、冰雹、干旱	台风、高温、干旱、冰雹	台风、干旱、连阴雨	低温、干旱、连阴雨	低温、干旱、连阴雨	低温、连阴雨、干旱

	受灾症状	产生危害
低温	叶片在受冻时卷曲，继而出现油渍状或黑褐色斑点，而后受冻叶片会枯萎脱落；枝梢呈焦黄或红褐色，严重的树皮开裂；果实受冻后果皮出现凹陷，形成斑点，果实内出现汁胞枯水，汁胞与囊壁分离，失去食用价值。	柑橘对冬季低温较为敏感，当温度降至柑橘忍耐的限度以下时，就会发生冻害，轻则落叶枯梢，重则损失枝干，甚至整株死亡。

	灾前预防措施
低温	（1）冻前灌水。灌水可增加土壤含水量和空气湿度，减少地面辐射，加速深层土温向上传导，减轻冻害。灌水一般应在中午温度较高时进行，灌水量以灌透为原则，灌后即排，不积水，并适时中耕，以防灌后结冻。 （2）培土增温。冬季培土能提高土温，增加肥力，从而达到保护根系的目的。红壤丘陵地最好能培沙土、加塘泥或草皮。培土的高度以超过嫁接口、高出地面35厘米为宜。到第二年春季期过后，要扒开培土，以防根颈霉烂。 （3）树干刷白。树干刷白主要是利用石灰的白色反光作用，缩小树体昼夜温差，避免树干冻伤，同时还能消灭隐藏在树干上越冬的真菌、细菌及害虫。刷白的高度以第一主枝以下为宜。 （4）搭棚或盖草。新栽的柑橘树要搭草棚或塑料薄膜棚防冻。搭棚后可减轻平流降温和强烈辐射降温产生的冻害，尤其适用于晴冻型和雪后霜型冻害。此外，在冻前用稻草包扎主干，也可防冻抗寒。 （5）熏烟防寒。在降温之前，在柑橘园堆积枝叶、杂草、木屑、谷壳等，并用土压成熏烟堆，留出点火口和出烟洞口，在低温来临前点火熏烟，使其产生大量烟雾，从而起到减弱辐射降温、增加柑橘园温度、防止霜冻的作用。 （6）树体管理。避免晚秋梢及冬梢的抽生，同时要施好采果肥，尽快恢复树势，以减轻低温造成的危害。

	灾后恢复措施
低温	（1）注重修剪方法。根据橘树遭受不同冻害程度适时适度进行修剪，适时即修剪时间应在气温稳定回升后进行，一般为2月底—3月下旬，受冻严重树宜迟不宜早。适度即根据不同受冻程度，灵活掌握修剪量和对象。受冻橘树往往形成丛枝状，应根据不同冻害程度进行抹芽控梢。受冻较轻树应及时抹去过密和着生位置不当的芽梢，去弱留强，过长新梢摘心，以利于增加分枝级数；重冻木为有利地上部和地下部生长协调，所萌发的芽梢，春季以不抹或少抹为宜，夏、秋季根据整形需要，再具体进行抹芽控梢。 （3）重视肥水管理。①中耕培土。如果土壤板结，冻后应提前中耕松土，改善土壤通透条件，提高土温，促发新根。对轻冻树，可在修剪前进行全园深翻，深翻可结合撒施有机肥进行。对意识犁断部分0.5厘米粗的根系和受伤的根系，有利于根系更新。②适时施肥。柑橘遭受冻害后，会导致大量落叶，特别是重冻树往往修剪后，叶片减少，地下部得不到地上部养分的有效供应，根系吸收能力下降。春季气温回升，受冻橘树体细胞养分供应就会出现失调，不利树势恢复。针对受冻树的生理变化，在施肥上要掌握早施、勤施、薄施原则，切忌重肥浓肥以防伤根。2～3月应以速效氮肥为主，施用不少于3次，10年左右柑橘树，每株每次施用尿素不少于100克，并兑用稀薄粪水10～15kg，在树盘周围开沟浇入。受冻未落叶树由于冻害时叶绿素会减少，加之抽发的新梢常常小而薄，光合作用差，进行叶面施肥可提高叶片质量和光合功能有很大作用。叶面喷肥可多次进行，间隔时间以15～20天为宜，一般喷施0.3%尿素加0.2%磷酸二氢钾。如受冻树出现缺素，可根据叶面判断，对所缺元素结合进行面施肥进行补充。 （4）及时防治病虫害。 认真做好清园及防治树脂病工作。清园须强调清除枯枝落叶和倾倒的烂果等废弃物。做好伤口保护工作和树干涂白工作。对于受冻较重进行露骨更新的橘树，采取伤口保护和树干涂白是防治树脂病和日灼病发生的关键措施之一，剪（锯）口要修削成平滑斜口，再用75%酒精或0.1%高锰酸钾对伤口消毒，消毒后伤口要涂抹保护剂。

	受灾症状	产生危害
高温干旱	柑橘遭受干旱时，会出现叶片萎蔫，果实失水。果实膨大期干旱影响果实发育；严重时出现落花落果，进而影响树体生长发育，影响当年的产量。	柑橘树的主要危害是干旱以及高温引起日灼病。

续图

高温干旱	
	灾前预防措施
	（1）选择合适地形，尽量避免西向或西南向坡地，注意营造防护林网。 （2）实行生草栽培，旱期进行树盘覆盖，改善橘园生态环境。7～9月适时灌水或喷水，以调节果园土壤水分和小气候。夏、秋季防病虫尽量不用石硫合剂和机油乳剂。 （3）在秋季高温强光照来临前，可在树冠外围易日灼的挂果部位喷1%～2%的熟石灰水或者对树冠顶部受阳光直接照射的果实在向阳面贴贴雨水冲淋的白纸（粘贴剂宜用合成胶水），也可对大果类型的柚和脐橙等果实进行套袋。 （4）有条件的果园，可在日灼发生前，于幼年橘园上方搭盖遮阳网，直接降温。
	灾后恢复措施
	（1）穴灌。与地面直接浇灌相比，穴灌的水利用率可提高3～5倍，是一种节水、省力、高效的灌溉方式。 （2）滴灌。安装了滴灌设施的果园，在凌晨土壤温度下降后，成年树每株每天滴水25～50千克，小树酌减。 （3）沟灌或漫灌。水源条件好的果园，在凌晨土壤温度下降时，坡地果园利用背沟进行沟灌，平地果园利用排水沟进行沟灌或漫灌，每次灌足灌透。待下次柑橘叶片出现较严重萎蔫，次日凌晨仍不能恢复正常时，再灌透水一次。 （4）地面覆盖。用稻草、玉米秆等秸秆或杂草等盖在树盘上，厚度约10厘米。覆盖范围，距树干5厘米至树冠滴水线外50厘米左右。 （5）杀草覆盖。活草多的果园应喷草甘膦等除草剂将草杀死，覆盖在地面上，减少土壤水分的散失。 （6）剪除新梢。干旱严重且缺乏灌溉条件的果园，如果未成熟的新梢较多，应及时剪除未成熟的新梢，可有效减少树体水分损失，增强抗旱能力。 （7）喷稀石灰水。树冠喷布约2%的石灰水，可增强反光，降低叶面和果面温度，减少水分蒸腾。但要注意，只能在早晨或夜晚叶面温度低时喷布。

台风	受灾症状	产生危害
	台风暴雨易造成柑橘枝条折断，甚至整株吹倒、连根拔起。	（1）直接危害。轻者折断枝条，吹折幼龄树或初生树，刮落果实，重者折裂主枝、主干，甚至连根拔起；橘园遭受水害。 （2）间接危害。 ①淹水造成植株死亡。植株出现黄叶、卷叶、焦叶直至全树死亡。橘果干瘪、腐烂、脱落；根系淹水48小时后，吸收根开始出现坏死，随淹水时间的延长，根系坏死率不断增加。 ②土壤表层流失，营养元素淋洗现象比较严重。 ③易发生病害，有的枝叶断裂撕破，易诱发溃疡病、树脂病、炭疽病等。

	灾前预防措施	
	（1）营造橘园防护林。防护林对橘树能起到显著的防风作用，保护树体，减少落果。设立防风纱、防风网，使橘树在大风中全体摇动，相互牵制，既能免于风折又能减少落叶落果。一般来说，网孔小的防风网具比网孔大的防风网防风效果好。 （2）矮化整形。在我省的沿海地区，选用矮化砧木及矮化整形等方法，有意识地使橘树矮干、低冠，减少树冠受风强度，达到防风效应。 （3）吊枝、立支柱巩固树体。在台风来临前，应及早做好防台准备，对结果量大的橘树，应采用吊绳防风，即用一竹木立于树冠中心，用绳索牵拉各方；或立支柱防风，可用留有短侧枝的毛竹梢支撑下垂枝干，以稳固树体和枝干，减少树枝摇动，防止风刮折枝条。对于幼树和苗木需立防风杆，防止被风刮倒。 （4）清沟覆盖。做好开沟排水工作，保持园内沟渠排水畅通，防止涝害发生。另外，对于山地橘园，要修好防洪沟，挖好保水沟、防止山洪暴发，减少水土流失。	

续图

	灾后恢复措施
台风	（1）排除积水，清理沟渠。台风期间要搞好开沟排水工作，保持园内沟渠排水畅通，防止涝害发生，对于山地橘园，要修好防洪沟、挖好保水沟，防止山洪暴发，减少水土流失。台风过后，要尽快排除平原橘园中的积水，尤其要开通深沟，降低地下水位，防止坐浆霉霉。 （2）疏松土壤。淹水后的橘园土壤板结，通气性差，采取疏松土壤，土层厚的除去一部分表土，然后覆薄层焦泥灰土或其他覆盖物。如果根系未恢复原状时，地面切忌施人粪尿或尿素水，以免根系再次受伤而影响生长。 （3）护理伤枝。及时剪去一部分枝叶与疏果，减少蒸发量；淹水严重的橘树，有的出现卷叶、焦叶，直至要死亡的橘树，应立即剪枝至基叶，以减少蒸发，同时对大枝外露的树体用1∶10石灰水涂干，并用稻草包扎枝干，以免干外露暴晒开裂感病。被台风刮断的枝干要及时加以清理，树上缠挂的漂浮物要及早清除，被风吹倒或歪斜的树体要及时进行扶正，填土压实并设支柱支撑加固树体。 （4）综合应急救措施。 ①病害防治：受台风和水淹为害的柑橘树，极易感染病菌，如炭疽病、树脂病等，应全面进行一次预防。药剂可选用：80%大生 M-45 600 倍液，或 50% 多菌灵或 70% 甲基托布津或 75% 百菌清 600 倍液，或 0.5% ～ 0.7% 等量式波尔多液，或 70% 代森锰锌 800 倍液，或猛杀生或科博等。 ②叶面追肥：受台风水害的柑橘，特别是淹没时间长的柑橘树，根系受损严重，吸收肥水能力减弱，不能满足地上部的正常生长，通过根外追肥，能达到补充营养，促进生长的效果。叶面肥可选用翠康生力液、绿芬威2号、绿旺2号、爱多收、氨基酸类、0.2%磷酸二氢钾等，按说明书浓度，隔7～10天喷1次，连喷2～3次。不要在中午高温期间喷施。

（张林执笔）

（二）杨梅

1. 杨梅生长月历及可能发生的气象灾害

杨梅树物候期，主要可分为营养期和休眠期两大时期。物候期按不同的需求可采用不同的划分方法，结合浙江杨梅生产实际，为便于生产管理，杨梅树营养期可分为花芽发育期、开花期、幼果期（春梢抽发期）、果实膨大期、成熟采收期（夏梢抽发期）、花芽分化期（秋梢抽发期）。灾害性天气是指杨梅生产过程中出现不利于杨梅正常生长甚至造成杨梅树异常的气候现象，常见的有低温冻害、梅雨季雨水、台风等。表 4.8 以杨梅生长月历为例进行说明。

2. 气象灾害对杨梅生长的影响及对策

（1）低温冻害。

①发生时间：越冬期和春季的低温冻害对杨梅生产影响较大。杨梅虽然较耐低温，但与种植的海拔高度和栽培水平关系较大，低温对杨梅的产量和生长影响较大。

②危害症状：幼年树冻害，幼年树抗冻能力差，特别是施肥过多，秋梢旺发的易受冻。因此高海拔地区要使秋梢提前老化，摘除晚秋梢，并采用全株覆盖防冻。成年树冻害的症状是枝条开裂，特别是在主枝分叉处，结冰严重、冻害程度大，伤口如不加保护，将导致树势衰弱，影响产量。花蕾期受冻，在开花前的花蕾膨大期出现 $-1℃$ 以下低温，花蕾会出现不同程度的冻害，影响产量。开花期受冻，杨梅开花期耐低温能力较差，若在 4 月上旬开花时遭遇北方寒流温度低

表4.8　杨梅生长月历及可能发生的灾害性天气

月份	8月	9月	10月	11月	12月	翌年1月	2月	3月	4月	5月	6月	7月
生育期	花芽分化期	花芽分化期	花芽分化期	花芽分化期	越冬期	越冬期	花芽生育期	花芽生育期	开花期/幼果期	果实膨大期	成熟采收期	成熟采收期
敏感条件					温	温	温				温、水	温、水
灾害天气危害等级	★★★	★★★					★★	★★			★★★	★★★
可能发生的灾害性天气 — 台风	√	√									√	√
可能发生的灾害性天气 — 洪涝	√	√									√	√
可能发生的灾害性天气 — 高温	√										√	√
可能发生的灾害性天气 — 干旱	√										√	√
可能发生的灾害性天气 — 低温冻害						√	√	√				

至2℃，则会造成花器冻害引起大量落花，影响产量（见图4.41）。

③预防措施：一是摇除积雪。杨梅枝叶茂密，树冠极易积雪，且枝质松脆，易被积雪压断，导致减产。因此，不管是否下雪，一发现树冠积雪，就要摇雪或用细竹竿打落积雪。防止枝干压断冻裂。二是选择合适的梯度差。梯度发展杨梅，海拔高度控制在700米以内，不要选择山顶迎风口种植，山顶必须营造防风林。三是培土和包树干。为防止杨梅植株根颈部，尤其是幼树受冻，可采用培土和树干包扎的办法，即在树干周围培新鲜疏松的客土50~100千克，高30~50厘米，再加地膜铺盖，防冻效果较好。用稻草包扎树干，地面覆盖柴草，可减轻冻害。四是树干涂白保护。用石灰把树干及大枝涂白，对防治主干冻害有一定的作用。

图4.41　杨梅低温冻害

④恢复措施：一是松土保温。解冻后立即在树冠下松土能保住地温，提高土温，有利于根系生长。二是及时施肥。受冻害的树要提早施春肥，做到薄肥勤施，并用0.3%~0.5%尿素加0.2%~0.3%磷酸二氢钾进行根外追肥。三是适时修剪。早春及时剪除冻死的叶片，冻死的枝条进行修剪。剪除枯死枝，尽量保留有生机的枝叶，大枝修剪可推迟到5月进行，有利于伤口愈合。同时还要加强病虫害的防治，保护枝干。

（2）梅雨。

①发生时间：梅汛期通常开始于5月—6月中旬，持续降水会给正值成熟采收期的杨梅带来较大影响，成熟果实不能及时采收、储运，即使抢摘，也会因含水量过高极易腐烂、变质，影响产量和品质。

②危害症状：由于杨梅成熟采收期与梅雨季完全吻合，因此通常会受连续阴雨的影响，导致杨梅大量落果（见图4.42），再加上杨梅果蝇等害虫、青霉病菌、绿霉病菌、白腐病菌对杨梅果实的为害，出

图4.42 杨梅大量落果

现杨梅年年"采一半烂一半"的现象。

③预防措施：一是避雨栽培。推广避雨栽培技术，搭建标准化钢架大棚，或在梅雨季来临前加盖简易避雨设施，促早增效，防病提质。二是加强杨梅基地的道路、水利等基础设施建设。杨梅大多在山上栽培，山路崎岖，应加强果园道路等基础设施建设，保证杨梅果实能及时采摘和运输，也有利于杨梅休闲采摘活动的开展，促进鲜果的销售。三是完善采后冷链系统的建设。在杨梅主产地建设中小型冷库，配置冷藏车，通过采后预冷处理，延长果实的储运期，减轻雨水天气对杨梅采收的影响。

④补救措施：一是做好采摘工作。应抢晴及时采摘，快速销售，减少雨水危害。二是做好采后杨梅通风。采下的杨梅放置通风处，降低果实的湿度，延缓果实的腐烂。三是做好排水清沟工作。及时开沟排水，降低田间湿度。在阴雨天气间歇，应抓住有利天气，就近开沟，尽快排除园内积水，缩短杨梅园中的渗透时间。地形低洼的杨梅园，应该多开横排水沟，有效减少园内积水，使园内土壤保持最大程度的通气状态。四是做好园内追肥工作。及时在园内追施肥料，适当增施磷、钾肥，喷施叶面肥，以恢复树势，增强抗性；同时增施有机肥，补充杨梅园因水灾流失的肥料，提高土壤有机质含量，促进杨梅生长。五是做好病虫害防治工作。在杨梅采收后，及时做好病虫害的综合防治。首先要掌握病虫害的发生规律，及时了解病情状况；其次要根据发病时的天气状况以及空气湿度等情况制定具有针对性的防治措施；最后选用合理的杀菌或杀虫剂进行适当防治。

（3）台风。

①发生时间：每年夏季，浙江沿海经常遭遇热带风暴、台风以及超强台风的袭击。杨梅树冠高大，根浅叶茂，枝质松脆，台风暴雨易造成杨梅树伤害。

②危害症状：直接危害有，台风对杨梅树的危害轻则折断枝条，吹折幼龄树或初生树，重则折裂主枝、主干，甚至连根拔起；台风常伴着暴雨，使杨梅园遭受水害。间接危害有，台风后2~3天，受淹杨梅园的植株出现黄叶、卷叶、焦叶直至全树死亡；根系淹水48

小时后，吸收根开始出现坏死，随淹水时间的延长，根系坏死率不断增加；杨梅淹水后，因土质、树龄、管理措施与淹水的水质，流速及淹水后的气候不同而异，一般土质黏、根系旺、分布浅、呼吸强的树，抗淹能力弱；静止水受害重，流动水受害轻；淹水后，高温、刮风受害加重；台风后，杨梅园水土流失带走一层表土，营养元素淋洗现象比较严重；受台风影响后，有的枝叶断裂撕破，易诱发枝叶枯萎病等。

③预防措施：一是建造防风林和推广矮冠树形。建园时要选择避风的园地，平地和海涂地果园最好建立防风林带，以减轻台风造成的伤害；没有防风林带的果园，可在迎风面悬挂尼龙网以降低风力和风速。树体管理过程中注意整枝修剪和矮化栽培，提高果树自身的抗台风能力。二是在台风过境前，对树冠修剪，减少阻力，树体立支柱和培土加固，树冠滴水线范围内地膜覆盖，有条件的全园覆盖。三是加固维护设施。设施栽培果园采取加固防范等措施，以降低损失。

④恢复措施：一是及时进行整枝修剪护理。由于杨梅树怕日晒，故台风过后要尽早处理被刮倒的树体，及时处理好部分树根被刮断的树体，同时做好树冠减叶、疏枝，减少叶片水分蒸腾。剪去折断树枝，被剪去的树体伤口斜面要尽量平整，并用抗菌剂涂抹伤口，以防止伤口日晒裂开或积水腐烂；还要用遮阳网遮盖、用石灰水覆膜或稻草包扎等措施保护枝干，以防杨梅树被日灼。二是加客土施追肥。部分被暴雨冲刷严重的杨梅园地，特别是在杨梅树冠下，常会出现根外露的现象，故要及时培土护根。树体受灾后，根系受损，吸收肥水能力减弱，不宜立即根施肥料，可选用0.1%~0.2%的磷酸二氢钾、0.3%尿素或绿芬威1000倍液等进行根外追肥，每隔约5天1次，连喷2~3次，等树势恢复后，再进行根际施肥，促发新根。三是防治病虫害。台风暴雨袭击杨梅树体后，在杨梅褐斑病、赤衣病、蚧壳虫等较严重的产区，要统防统治。药剂可选用15%的多菌灵可湿性粉剂800~1000倍液，或70%的甲基托布津可湿性粉剂1000~1200倍液，或65%的代森锰锌悬浮剂800倍液喷施。

3. 杨梅灾害性天气应对措施明白图

杨梅生产与灾害天气月历表											
月份	8月	9月	10月	11月	12月	翌年1月	2月	3月	4月	5月	6月	7月
生产周期	花芽分化期				越冬期			花芽生育期	开花期、幼果期	果实膨大期	成熟采收期	
灾害性天气	台风、高温	台风、干旱、连阴雨	低温、干旱、连阴雨		低温、连阴雨、干旱	低温、连阴雨	低温、连阴雨	连阴雨、低温、冰雹	低温、冰雹	暴雨洪涝、冰雹		台风、高温、冰雹、干旱

	干旱、冰雹	台风、干旱
低温	连阴雨	花蕾期受冻：开花前的花蕾膨大期出现 −1℃以下低温，花蕾会出现不同程度的冻害，影响产量。 开花期受冻：杨梅开花期耐低温能力较差，若在4月上旬开花时遭遇北方寒流（温度低至2℃），则会造成花器冻害引起大量落花，影响产量。

灾前预防措施

（1）选择合适的梯度差。梯度发展杨梅，在浙江海拔高度控制在700米以内，不要选择山顶迎风口种植，山顶必须营造防风林。
（2）培土和包树干。为防止杨梅植株根颈部，尤其是幼树受冻，可采用培土和树干包扎的办法，即在树干周围培新鲜疏松的客土50～100千克，高30～50厘米，再加地膜铺盖，防冻效果较好。用稻草包扎树干，地面覆盖柴草，可减轻冻害。
（3）树干涂白保护。用石灰把树干及大枝涂白，对防治主干冻害有一定的作用。

灾后恢复措施

（1）松土保温。解冻后立即在树冠下松土，能保住地温，提高土温，有利于根系生长。
（2）及时施肥。受冻害的树，要提早施春肥，做到勤施薄肥，并用0.3%～0.5%尿素加0.2%～0.3%磷酸二氢钾进行根外追肥。
（3）适时修剪。早春及时剪除冻死的叶片，对冻死的枝条进行修剪。剪除枯死枝，尽量保留有生机的枝叶，对大枝修剪可推迟到5月进行，有利于伤口愈合。同时还要加强病虫害的防治，保护枝干。

梅雨季降水	受灾症状	产生危害
	持续降雨会给正值成熟采收期的杨梅大量落果	成熟果实不能及时采收、储运，即使抢摘也因含水量过高极易腐烂、变质，影响产量和品质。

续图

梅雨季降水	

灾前预防措施

（1）避雨栽培。推广避雨栽培技术，搭建标准化钢架大棚或在梅雨季来临前加盖简易避雨设施，促早增效，防病提质。
（2）加强杨梅基地的道路、水利等基础设施建设。浙江省杨梅大多在山上栽培，山路崎岖，加强果园道路等基础设施建设，保证杨梅果实能及时采摘和运输，也有利于杨梅休闲采摘活动的开展，促进鲜果的销售。
（3）完善采后冷链系统的建设。在杨梅主产地建设中小型冷库，配置冷藏车，通过采后预冷处理，延长果实的储运期，减轻雨水天气对杨梅采收的影响。

灾后恢复措施

（1）及时采摘。应抢晴及时采摘，快速销售，减少雨水危害。
（2）采后杨梅通风。采下的杨梅放置通风处，降低果实的湿度，延缓果实的腐烂。

	受灾症状	产生危害
台风	台风暴雨易造成杨梅枝条折断，甚至整株吹倒、连根拔起。	减产、死树

灾前预防措施

（1）建造防风林和推广矮冠树形。建园时要选择避风的园地，平地和海涂地果园最好建立防风林带，以减轻台风造成的伤害；没有防风林带的果园，可在迎风面悬挂尼龙网以降低风力和风速。树体管理过程中注意整枝修剪和矮化栽培，提高果树自身的抗台风能力。
（2）在台风过境前，对树冠修剪，减少阻力，树体立支柱和培土加固，树冠滴水线范围内地膜覆盖，有条件的全园覆盖。
（3）加固维护设施。设施栽培果园采取加固防范等措施，以降低损失。

灾后恢复措施

（1）及时进行整枝修剪护理。由于杨梅树怕日晒，台风过后要尽早处理被刮倒的树体，及时处理好部分树根被刮断的树体。剪去折断树枝，被剪去的树体伤口斜面要尽量平整，并用抗菌剂涂抹伤口，以防止伤口日晒裂开或积水腐烂；还要用遮阳遮盖、用石灰水覆盖或稻草包扎等措施保护枝干，以防杨梅树被日灼。
（2）加客土施追肥。部分被暴雨冲刷严重的杨梅园地，特别是在杨梅树冠下，常会出现根外露的现象，要及时加客土，并追肥少量速效肥。有条件的地方，可喷施0.2%的磷酸二氢钾，或0.2%的尿素等叶面肥，以迅速补充养分。
（3）防治病虫害。台风暴雨袭击杨梅树体后，在杨梅褐斑病、赤衣病、蚧壳虫等较严重的产区，要统防统治。药剂可选用15%的多菌灵800~1000倍液，或70%的甲基托布津1000~1200倍液，或65%的代森锰锌800倍液喷施。

（张林执笔）

复习思考题

1. 柑橘受低温冻害影响有哪些预防措施?
2. 杨梅受梅雨影响有哪些补救措施?
3. 杨梅受台风影响有哪些危害症状?

四、茶桑类

（一）茶叶

1. 茶叶生长月历及可能发生的气象灾害

浙江茶叶生产可分春茶、夏茶、秋茶三季，以春茶为主。春茶一般 2 月初从浙南茶区开采，依次到 3 月底浙北茶区开采，至 5 月底生产结束；夏秋茶生产一般从 6 月初—10 月底。茶叶受到的自然灾害主要有冻、冷、热、旱、涝等，具体表现为霜冻、雪冻、寒潮、旱热、台风、持续阴雨等天气，其中以晚霜冻发生最为频繁，对生产造成的影响最大。表 4.9 以茶叶生长月历为例进行说明。

2. 气象灾害对茶叶生长的影响及对策

（1）冻害。

①发生时间：茶树冻害包括霜冻、寒潮和雪冻。

霜冻主要发生在早春，农业生产中常称为"倒春寒"。茶芽开始萌动后（一般在日平均气温 >10℃时，嘉茗 1 号为 >8℃），最低气温若骤降至 4℃以下，新梢茶芽因抗寒能力弱而遭受冻害，气温越低、持续时间越长、空气湿度越低，茶树受害程度越重。各地霜冻结束时间一般为 4 月中旬，起始时间因纬度和品种结构不同略有差异，浙南茶区一般始于 2 月中旬，浙中茶区一般始于 3 月上旬，浙北茶区一般始于 3 月中旬。霜冻期正值浙江名优茶生产期，对茶叶产量、产值影响颇大，需高度重视。高风险区为温州、丽水、杭州、绍兴、湖州等茶区。

寒潮和雪冻主要发生在严冬季节，一般在 1—2 月。寒潮使气温急剧下降到 0℃以下并伴以强风，或气温降到 -10℃以下，茶树体内失水而受冻，如之后转晴气温迅速回升，则加重冻害。雪冻主要是较大程度降雪后，地表和树冠形成积雪层，再遇低温结成冻壳，使茶树受冻，一般阴坡面受害较重。寒潮所需的极寒天气、雪冻所需的大雪天气在浙江极少发生，即使发生也只是个别区块成灾，对生产影响不大。但浙北茶区 2 月底—3 月偶有降雪天气，此时茶芽已萌发，危害

表4.9 浙江茶叶生产与灾害风险月历表

月份			1月	2月	3月	4月	5月	6月	7月	8月	9月	10月	11月	12月
生产周期			萌动		春茶				夏茶		秋茶		休眠期	
灾害风险	冻害	霜冻		★★★	★★★	★★★								
		雪冻	★	★										★
		寒潮	★	★										★
	旱热	旱热							★★	★★	★★	★★		
	涝害	台风					★		★	★	★	★		
		持续阴雨			★	★		★						

与霜冻相似，对生产影响较大。高风险区为湖州市西部、杭州市北部、衢州市西北部等地。

②危害症状：霜冻及浙北茶区春雪主要危害新梢，轻则叶片发萎、芽头变紫，影响该轮春茶品质和产量；重则茶树嫩枝冻死焦枯，造成此后春茶绝收（见图4.43）。冬季寒潮和雪冻成灾后，树冠叶片青枯卷缩、枝条干枯开裂，影响春茶品质和产量，严重时地上部分死亡，造成该块茶园当年绝收。

③预防措施：一是关注气温变化。冻害天气一般可以提前数日预测，要密切关注当地天气预报和预警，并因地制宜采取有效措施。二是及时采摘。对已萌发茶芽，在冷空气来临前，及时组织人员采摘，减少损失。三是覆盖防冻。覆盖材料条件好的茶园，可在冷空气来临前在茶篷面上覆盖遮阳网、塑料薄膜或稻草、杂草等，尤其是苗圃，更要注意防冻。四是喷水防冻。已安装喷灌设施的茶园可在霜雪来临时进行喷水洗霜，将芽叶温度维持在0℃以上来防冻。应采用"间歇喷水"方法，每1~1.5小时喷水1次，时间在19时—翌日凌晨8时。五是风扇防冻。已安装防霜扇的茶园应提前检修保持防霜扇运转正常，风

（a）轻度霜冻害特征

（b）中度霜冻害特征

（c）重度霜冻害特征

图4.43 茶园冻害

扇探头监测到茶丛顶部空气温度低于结霜临界温度（4℃）时，会自动启动风扇，将高空较暖空气吹向茶丛来减轻冻害。六是熏烟驱霜。防火条件好、地形不容易使烟雾较快扩散的茶园，可以采取熏烟形成"温室效应"进行防霜。按3~5亩茶园1个熏烟点布设，熏烟时间为19时—翌日凌晨8时。

④恢复措施：一是合理修剪。对于受冻较重的茶园，及时整枝修剪促进茶芽萌发。修剪程度根据受冻程度轻重不同，按"宁轻勿深"原则，以剪口比冻死部位深1~2厘米为宜，尽量保持采摘面。新芽全部受冻的茶园应及时剪去采摘层，受害较重的则相应进行深修剪、重修剪甚至台刈。二是浅耕施肥。冻害和修剪会给茶树带来一定创伤，应及时进行浅耕施肥。冬季寒潮、雪灾发生后，要重施春茶催芽肥，施肥量应增加约2成，并配施一定量的磷、钾肥。春季霜冻、春雪发生后，应及时喷施叶面肥，促进茶芽萌发和新梢生长。三是培养树冠。轻修剪的茶树，夏秋茶可按常规采摘。深修剪的茶树，应留养春梢、夏季打顶采。重修剪或台刈茶树，应重新培养生产蓬面。

（2）旱热。

①发生时间：主要发生在伏天（7—8月）和秋季（9—10月）。当日平均气温≥30℃、日最高温度≥35℃、日平均相对湿度≤60%，且持续3天以上时，茶树旱热害将会发生。一般呈零星发生，影响个别根系浅的平地茶园，浙江夏秋茶生产比例小，对生产影响较小。如遇极端天气，持续干旱少雨1个月以上，将致大规模树势衰竭，影响来年春茶产量和品质，需引起重视。浙江茶园旱热灾高风险区在浙中茶区，主要是金华全市和绍兴市南部。

②危害症状：浙江茶树旱热主要是在暖高压控制下，使茶树遭受长时间高温、干旱和强光照后，茶树叶片光合作用受阻、呼吸作用加强、营养物质消耗加剧，轻则叶芽萎凋、生长缓慢，重则出现叶芽停止生长、茶芽与新梢灼伤、成叶脱落，甚至出现叶片枯焦、枝条或植株枯死（见图4.44）。平地，特别是低洼地，茶园因平时地下水位高，根系较浅，抗旱性较弱的茶苗、幼龄茶树最易受灾。

③预防措施：一是及时灌溉。浇灌、喷灌和滴灌是最有效的抗旱

措施，要根据自身设备、沟渠、蓄水和茶园坡度条件，因地制宜选择灌溉方式。灌溉应在晴天早晚时间或夜间进行。二是遮阴覆盖。分浮面覆盖和搭高棚覆盖两种。有固定立柱条件的茶园，如抹茶原料生产茶园，可采用搭高棚覆盖法将遮阳网、茅草或稻草编织成的草帘覆盖其上。其他茶园可用浮面覆盖法，将遮阳网直接盖于植株上，茶树周边进行固定。三是行间铺草。干旱来临前宜先中耕除草，深度约10厘米。铺草厚度为10~12厘米，材料为稻草、杂草或修剪枝叶等，每亩用草约2吨。四是暂停有关生产作业。极端高温干旱天气应暂停茶叶采摘、打顶、修剪、耕作、施肥、喷药和除草等农事作业。

④恢复措施：一是从轻修剪。受害茶树叶片有焦斑或脱落，但顶部枝条仍有活力的茶树，能自行发芽恢壮，不宜修剪。受害严重、蓬面枝条枯死的茶园，可在高温干旱缓解后，剪去枯死枝条，以枯死部位以下1~2厘米处为度。二是及时施肥。茶树长势恢复前不宜过多施肥。高温干旱缓解后，茶树恢复生长、新芽萌发至1芽1~2叶后施肥，成龄茶园每亩用复合肥（15-15-15）10~20千克，幼龄茶园每

（a）轻度旱热特征

（b）中度旱热特征

（c）重度旱热特征

图4.44 茶园旱热危害状

亩施用5~10千克。入冬前施基肥，可每亩施用100~200千克菜籽饼和5~10千克尿素，混匀后开15~20厘米沟深施覆土。三是秋茶留养。受旱茶园无论是否修剪，秋茶均应留养，以复壮树冠。秋末茶树停止生长后，茶芽尚嫩绿的宜进行一次打顶或轻修剪。

（3）涝害。

①发生时间：涝害主要由连阴雨和台风造成，通过持续降水或短时强降水引起水淹或地质灾害。连阴雨以梅雨季（6月）发生最多，但对生产影响不大。若3—5月春茶季时发生，对茶叶生产影响较大，正常采摘受阻会引起产量下降、雨水叶会造成茶叶品质下降（主要是香气）。台风以7—10月最为集中，一般对生产影响不大，如遇超强台风过境，可能引起沿途茶园、道路、茶厂塌方或受淹。

②危害症状：主要是茶厂、茶园淹水，造成茶厂设备、电路损坏，茶树根系浸水缺氧，灾害过后多为高温天气，茶园处于高温、高湿状态时病虫害易滋生，水淹过的土壤也易板结。同时降水还会引起泥石流、滑坡、水土流失等自然灾害，造成茶园茶厂及道路受损。台风还会吹折茶树枝条（见图4.45）。

（a）茶园淹水

（b）道路冲毁

（c）茶园水土流失

图4.45　茶园涝害

③预防措施：疏通茶园、茶厂周边排水沟，茶厂要加固门窗、顶棚。

④恢复措施：一是排查积水。水淹园地要开沟疏渠，迅速排除园内积水，降低地下水位，加速表土干燥。植株上要及时清洗泥浆、清理杂物，淹水时间较长的植株应剪除部分枝叶。及时做好坏损沟渠、道路及他配套设施的修缮工作。特别要注意遭塌方与泥石流破坏的茶园，必须在巡查确认地质状况稳定后再进行清理与修复工作。二是适时松土追肥。幼龄茶园水淹后易出现土壤板结，会引起根系缺氧，故需在退水后园地表土基本干燥时及时松土。对于受涝后根系受损严重的茶树，由于其吸收肥水能力较弱，不宜立即根施肥料，可选用0.3%尿素或叶面肥等进行根外追肥，待树势恢复后，再进行土施腐熟人畜粪尿、饼肥或尿素，促发新根。三是防治病虫害。茶尺蠖、茶橙瘿螨等病虫易蔓延发生、应注意茶园病虫害的监测，一旦发生，应选用对口农药待雨停后及时防治。四是预防后续可能旱热。密切关注天气动向和高温预警，加强喷灌设备检修维护，必要时采取遮阳、喷水措施应对热害。

3. 茶叶灾害性天气应对措施明白图

茶叶生产与灾害天气月历表											
月份	1月	2月	3月	4月	5月	6月	7月	8月	9月	10月	11月	12月
生产周期	萌动	春茶				夏茶			秋茶		休眠期	
灾害性天气	雪冻、寒潮	雪冻、寒潮	霜冻、雪冻、寒潮	霜冻持续阴雨	霜冻持续阴雨	持续阴雨	旱热、台风持续阴雨	旱热、台风	旱热、台风	旱热、台风	/	雪冻、寒潮

受灾症状	产生危害
霜冻：轻则叶片发蔫、芽头变紫；重则茶树嫩枝冻死焦枯。寒潮和雪冻：一般树冠叶片青枯卷缩、枝条干枯开裂，严重时地上部分死亡。	霜冻：对生产影响最大，程度较轻时影响该轮春茶品质和产量；重则造成春茶绝收。寒潮和雪冻：轻则影响春茶品质和产量，重则造成该块茶园当年无收。

低温

轻度霜冻　　中度霜冻　　重度霜冻

低温	灾前预防措施
	（1）关注气温变化。冻害天气一般可以提前数日预测，要密切关注当地天气预报和预警，并因地制宜采取有效措施。 （2）及时采摘。对已萌发茶芽，在冷空气来临前，及时组织人员采摘，减少损失。 （3）覆盖防冻。有劳力、覆盖材料条件好的茶园，可在冷空气来临前在茶篷面上覆盖遮阳网、塑料薄膜或稻草、杂草等，尤其是苗圃，要特别注意防冻。 （4）喷水防冻。已安装喷灌设施的茶园可在霜雪来临时，进行喷水洗霜，将茶叶温度维持在0℃以上来防冻。应采用间歇喷水方法，每1～1.5小时喷水1次，时间在晚上19时到次日凌晨8时。 （5）风扇防冻。已安装防霜扇的茶园应提前检修保持防霜扇运转正常，风扇探头监测到茶丛顶部空气温度低于结霜临界温度（4℃）时，会自动启动风扇将高空较暖空气吹向茶丛来减轻冻害。 （6）熏烟驱霜。防火条件好、地形不容易使烟雾较快扩散的茶园，可以采取熏烟形成"温室效应"进行防霜。按3～5亩茶园1个熏烟点布设，熏烟时间晚上19时一直到次日凌晨8时。
	灾后恢复措施
	（1）合理修剪。对于受冻较重的茶园，及时整枝修剪促进茶芽萌发。修剪程度根据受冻程度轻重不同，按"宁轻勿深"原则，以剪口比冻死部位深1～2cm为宜，尽量保持采摘面。新芽全部受冻的茶园应及时剪去树冠层，受害较重的则相应进行深修剪、重修剪甚至台刈。 （2）浅耕施肥。冻害和修剪会给茶树带来一定创伤，应及时进行浅耕施肥。冬季寒潮、雪灾发生后，要重施春茶催芽肥，施肥量应增加约2成，并配施一定量的磷、钾肥。春霜冻后、春雪发生后，应及时喷施叶面肥，促进茶芽萌发和新梢生长。 （3）培养树冠。轻修剪的茶树，夏秋茶可按常规采摘。深修剪的茶树，应留养春梢、夏茶打顶采。重修剪或台刈茶树，应重新培养生产蓬面。

高温干旱	受灾症状		产生危害
	轻则叶芽萎凋、生长缓慢，重则出现叶芽停止生长、茶芽与新梢灼伤、成叶脱落，甚至出现叶片枯焦、枝条或植株枯死。		轻则影响长势，重则影响来年春茶产量和品质，甚至茶树出现枯死。
	轻度旱热	中度旱热	重度旱热

	灾前预防措施		
	（1）及时灌溉。浇灌、喷灌和滴灌是最有效的抗旱措施，要根据自身设备、沟渠、蓄水和茶园坡度条件，因地制宜选择灌溉方式。灌溉应在晴天早、晚时间或夜间进行。 （2）遮阴覆盖。分浮面覆盖和搭高棚覆盖两种。有固定立柱条件的茶园，以抹茶原料生产园，可采用搭高棚覆盖法将遮阳网、茅草或稻草编织成的草帘覆盖其上。其他茶园可用浮面覆盖法，将遮阳网直接盖于植株上，茶树周边进行固定。 （3）行间铺草。干旱来临前宜在行间耕除草，深度约10厘米，铺草厚度为10～12厘米，材料为稻草、杂草或修剪枝叶等，每亩用草约2吨。 （4）暂停有关生产作业。极端高温干旱天气，应暂停茶叶采摘、打顶、修剪、耕作、施肥、喷药和除草等农事作业。		
	灾后恢复措施		
	（1）从轻修剪。受害茶树叶片有焦斑或脱落，但顶部枝条仍有活力的茶树，能自行发芽恢复，不宜修剪。受害严重、蓬面枝条枯死的茶园，可在高温干旱缓解后，剪去枯死枝条，以枯死部位以下1～2厘米处为度。 （2）及时施肥。茶树长势恢复前不宜多施肥。高温干旱缓解后，茶树恢复生长、新芽萌发至1芽1～2叶时施肥，成龄茶园每亩用复合肥（15-15-15）10～20千克，幼龄茶园每亩施用5～10千克。入冬前施基肥，可每亩施用100～200千克菜籽饼和5～10千克尿素，混匀后开15～20厘米沟深施覆土。 （3）秋茶留养。受旱茶园无论是否修剪，秋茶均应留养，以复壮树冠。秋末茶树停止生长后，茶芽尚嫩绿的宜进行1次打顶或轻修剪。		

台风或连阴雨	受灾症状		产生危害
	茶厂、茶园淹水，茶树根系浸水缺氧，茶园病虫害滋生，土壤板结，引发泥石流、滑坡、水土流失等次生灾害，造成茶园、茶厂及道路受损。台风还会使吹折茶树枝条。		正常采摘受阻引起产量下降、雨水引起茶叶品质下降。茶园、道路、茶厂场方或受淹。
	茶园淹水	道路冲毁	水土流失

续图

台风或连阴雨	灾前预防措施
	疏通茶园、茶厂周边排水沟，茶厂要加固门窗、顶棚。
	灾后恢复措施
	（1）查排积水。水淹园地开沟疏菜，迅速排除园内积水。植株上及时清洗泥浆、清理杂物。淹水时间较长的植株应剪除部分枝叶。及时做好坏损沟渠、道路及其他配套设施修缮工作。遭遇方与泥石流破坏的茶园，必须确认地质状况稳定后再进行清理与修复。 （2）适时松土追肥。幼龄茶园水淹后土壤易板结，需在地表基本干燥后及时松土。对于树体受涝后根系受损严重的，不宜立即根施肥料，可选用0.3%尿素或叶面肥等进行根外追肥，待树势恢复后，再土施腐熟人畜粪尿、饼肥或尿素，促发新根。 （3）防治病虫害。茶尺蠖、茶橙瘿螨等病虫易蔓延发生，要注意茶园病虫害的监测，一旦发生，应选用对口农药待雨停后及时防治。 （4）预防后续可能发生的高温干旱，密切关注天气动向和高温预警，加强喷灌设备检修维护，必要时采取遮阳、喷水措施应对热害。

（冯海强、陆德彪执笔）

（二）蚕桑

1. 蚕桑生长月历及可能发生的气象灾害

蚕桑生产涉及桑树栽培和家蚕饲养。桑树属多年生喜暖木本植物，生长周期长，从桑苗栽植到正式投产一般要经过2~3年。一年之中，桑树的生命活动会出现周期性的变化，一般可分为生长期和休眠期两个时期。桑树虽对自然条件的适应性较强，但自然灾害也会对其生长造成不良影响，轻则降低桑叶产量和质量，重则造成桑树死亡，影响家蚕饲养。表4.10以桑树全年生长月历为例进行说明。

2. 气象灾害对蚕桑生长的影响及对策

（1）低温冻害（霜害）。

①发生时间：低温冻害（霜害）一般发生在1—4月和9—12月，冻害与霜害都是由低温引起的灾害。桑树3月下旬—4月上旬正值发芽期，霜害对桑芽发育有一定影响，轻则新芽局部坏死，重则全部冻死（见图4.46），造成春叶减产，需高度重视。其他时期桑树受低温冻害（霜害）影响较小，后期可自行恢复或采取补植等措施。

②危害症状：冻害与霜害都是

图4.46 桑芽冻害

表4.10　蚕桑生长月历及可能发生的灾害性天气

月份	11月	12月	翌年1月	2月	3月	4月	5月	6月	7月	8月	9月	10月
桑树生育期	落叶期	落叶期、剪梢；休眠期、剪梢	休眠期	休眠期；春伐	发芽期	开叶期	春叶成熟期；夏伐	夏伐；疏芽期	疏芽期；夏叶生长期	夏叶生长期	秋叶生长期	秋叶生长期
敏感条件		肥			温、水、肥	温、水、肥	温、水	肥	温、水、肥	温、水、肥	温、水	温、水
灾害天气危害等级		★			★★★	★★	★★★	★★	★★	★★★	★★★	★★
可能发生的灾害性天气　低温冻害（霜雪）	∨	∨	∨	∨	∨	∨						
涝害								∨	∨		∨	
高温干旱									∨	∨	∨	
台风					∨	∨	∨	∨	∨	∨	∨	∨
冰雹									∨	∨	∨	∨

低温引起的灾害，冻害多发生在休眠期，危害部位主要是枝条、树干与根部。气温降到 -5℃以下时，枝干温度会降到 -3℃以下，从而引起桑树的细胞间隙结冰，组织遭受破坏引起冻害。冻害程度较轻的，仅枝条梢端冻枯，严重的则全株受害，甚至树干冻死（见图4.47）。同一地区，低干桑受害较重，高干桑受害较轻；同一植株，枝条上部易冻枯，下部不易受冻；幼龄桑受害较重，成年、老桑受害轻。春天回暖，受冻害部位的枝条呈现明显皱缩干枯状，冻害往往成为干枯病的诱因。特别是倒春寒发生时，冻害严重，对桑树生产影响较大。其症状表

图4.47　桑树低温冻害

现为嫩叶先从叶尖变褐色、呈油渍状，逐渐卷曲枯萎，腋芽萌发；冻害后继续发育的叶片出现斑点。

　　霜害有早霜和晚霜。晚秋第一次霜称早霜，春季最后一次霜称晚霜。霜害致害温度为 -3~-1℃，症状表现为新梢下垂，最初稍带褐色，之后变黑色，若遇雨水，新梢全部发黑、腐烂；枝干受害后变暗、干枯而死。晚秋桑树尚处生长期，如遇早霜，枝梢叶片会受霜害而枯萎，使晚秋蚕用桑受到损失。春季桑叶萌发后，如遇晚霜，叶片被害部分超过一半时，1周后叶片开始脱落；仅叶尖、叶缘受害时，除被害部分枯焦外，其余部分尚能逐渐恢复生长。一般来说，发芽早的品种、树形矮的低干桑易受害，幼龄桑和地势低的桑园易受害，夏秋季用叶过度、偏施氮肥的桑园易受害。晚霜发生时间愈迟、温度愈低，桑树受害程度愈重，越易造成春叶减产，影响春蚕饲养。

　　③预防措施：一是关注天气预报，了解气温变化。在春季桑树发芽阶段或晚秋蚕期应及时关注气象预报，密切关注天气变化。如有寒

流来临，且傍晚又晴朗无风，则次日清晨就有出现霜害的可能。早春气候骤变，寒流袭击。冻害出现前的傍晚气压迅速提高，无西北风和北风，晚上10时以后气温突降到5℃，凌晨达-3℃以下时就有冻害。每年3—4月易出现"倒春寒"，需根据气温变化，采取有效措施。二是提高树体温度，合理施肥与排水。露天桑园采用稻草、薄膜覆盖、熏烟等方法进行增温抗寒，保护树体，有条件的地区霜冻前桑地沟灌或喷灌，使树体温度保持在0℃，有防霜效果。要多施有机肥，在夏末初秋增施磷、钾肥，氮肥不宜过多，施秋肥时期和秋季抗旱不宜过迟，做好及时排水工作。三是合理用叶，山区选栽抗寒品种。秋期采叶不过度，注意留叶养树及晚秋剪梢。有早霜预报而晚秋蚕尚未上族，可用剪梢法收获条桑，竖放在较密闭的低温室内，定期洒水，保持桑叶新鲜。山区可选用当地抗寒品种或发芽迟、副芽多的桑品种，树型宜适当偏高。

④恢复措施：一是加强管理。桑树遭到低温冻害（霜害），要根据被害情况进行处理。如果受霜害较轻，只是部分芽叶受害，叶片焦枯但生长点好的，不必进行剪梢或伐条，可任其生长；如果受霜害严重，大部分芽叶焦枯，应将焦枯部分剪去，促使潜伏芽和副芽萌发。当新梢长到5~6叶时用质量浓度为0.5%尿素液或0.3%磷酸二氢钾叶面喷肥。若温度再低，嫩叶变黑，较多的新芽被冻死，但副芽和休眠芽可望再发，可离嫩芽基部0.5~1.5厘米将其摘除，以促提早恢复生长。一般在开2~3叶受冻，桑叶会减产10%~30%。二是灾后病虫害防治。灾后桑树发芽时间比常年推迟，往往正遇上食芽害虫旺盛活动期，应特别注意治虫工作，保护潜伏芽与副芽萌发的新芽不再受桑象虫、桑毛虫、桑尺蠖的危害。三是推迟收蚁。如果灾害天气发生在蚕种催青期间，可用低温抑制胚胎发育，以延迟收蚁、用叶。也要根据桑树受害情况，决定是否减少蚕种饲养量。

（2）涝害。

①发生时间：涝害一般发生在5—7月，通常发生在桑树春叶成熟期、夏伐、疏芽期以及夏叶生长期。桑树对涝害有一定的抗逆性，但是长时间连续性降雨对桑树影响较大，需高度重视。

②危害症状：一般雨季日降水 100 毫米或过程性降水 200 毫米以上的连续性降水越多，受涝的可能性越大。桑园受雨涝袭击，多以排水不畅造成地面积水、桑树受水淹渍，土壤中空气随之减少，有毒物质增多，对根部危害加重，使地上部分由桑叶发黄开始，逐渐枯萎脱落到枝条停止生长、萌生腋芽、侧枝丛生，最后导致整株死亡（见图4.48）。淹水 1 天桑根开始萎缩；7 天以上叶色变黄，细根逐渐腐烂死亡，一般桑树受淹时间在 7 天以内，受淹程度在桑拳面以下的，及时采取灾后补救措施，桑树仍可正常生长；15 天后新梢停止生长；30天后桑叶全部脱落。而坡地或丘陵山地桑园，还会因暴雨冲刷引起水土流失，根茎和根部被冲刷外露，使桑树歪倒或倒伏，影响桑树正常生长。

图4.48　桑树涝害

③预防措施：建立完善排水系统。平原或低洼桑园必须建有完善的排水系统，田间要每 2~3 行桑树开 1 条深、宽各 30~40 厘米的墒沟。视桑园面积沿桑行每 30~40 米开 1 条深宽各 60~80 厘米的腰沟，桑园四周开挖深宽各 80~100 厘米的田头沟，并做到墒沟、腰沟、田头沟之间沟沟相通。雨涝来临前，要认真检修，确保沟沟相连，排水畅通，大田桑园如有条件，最好配备抽水机，以加快排涝速度。

④恢复措施：一是排水降渍。迅速清沟理墒，疏通水系，做到沟沟相通，能排能灌，雨止田干。对受涝、受渍桑园，田间要突击隔行开挖宽、深各 40~50 厘米的排水降渍沟，并做到开挖的排水沟与田间腰沟、田头沟相通，充分发挥沟系的排水降渍作用，确保桑园在雨停后迅速排干积水，避免桑树蒸热、灼伤。二是培扶树体。对被大风

刮歪、刮倒，或被水流冲斜、冲歪，以及根部、根颈外露的桑树，要抓紧培扶。歪斜、倒伏的树体要扶正培土；树干被泥土、流沙埋没的要清挖，使树干露出；根颈被冲刷外露的要培土壅根。三是追施肥料。长时间的暴雨冲刷，会使桑园土壤养分大量流失，尤其是氮肥、钾肥等移动性较强的桑树主要营养成分往往会流失殆尽，从而导致桑园严重营养不良，致使桑树生长十分缓慢，叶片小、叶色黄。为尽快恢复桑树生长，必须给以充足的肥料投入，以恢复地力。此时每亩应追施碳铵约40千克或尿素约20千克、氯化钾约5千克，以满足桑树恢复生长的养分需求。四是松土灭草。浅耕松土可显著改善土壤结构，增强桑树根系呼吸和吸收功能，而灭草能避免杂草与桑树争夺养分，减少害虫危害桑树。在灾后桑园管理上，必须全面彻底地松土灭草。五是防治害虫。由于大面积水涝，地面和其他农作物上的鳞翅目害虫，野蚕、桑毛虫、桑尺蠖、桑螟等纷纷向高处枝干上迁移，进行掠夺式觅食，极易诱发虫灾。在雨晴后，要突击治虫1~2遍。选用广谱性杀虫剂进行全株喷药，有条件的在养蚕期间也可对桑园进行划片防治，在确保秋蚕安全生产的同时搞好虫害防治工作，以防小虫闹大灾，确保桑树恢复生长。

（3）高温干旱。

①发生时间：高温天气一般发生在5—10月，跨越了整个养蚕期，容易出现干旱天气。蚕期持续干旱，难以满足桑树生长发育和蒸腾耗水需要，引起生理性障碍，可导致桑叶的产量、质量、蚕体质和蚕茧质量下降。

②危害症状：当桑园水分供不应求之后，就会影响桑树生长，产生不同程度的旱害，主要表现在发芽期会延迟发芽或降低发芽率，生长期使桑根逐步自然死亡，桑树叶片萎蔫、黄化脱落。当桑园土壤含水率主要指标田间持水量降到50%以下时，桑树基部叶片先开始黄落，而后出现新梢止芯、桑叶萎蔫，进而顶芽脱落，随旱情继续发展，叶片枯萎脱落，落叶从枝条顶端开始向下，中部的叶片最后凋落，当田间持水量降至18%以下时，桑树就全部凋落，枝干枯死（见图4.49）。旱害后再降雨会多发侧枝；晚秋停止生长，影响明年春叶

产量。地下水位低、土壤保湿性差、桑树茂盛、高温日照强烈都能加重干旱危害。根深桑树受害较轻。

③预防措施：一是完善灌溉设施。桑园应水利设施完善，沟系配套畅通，以备需要时能够灌水。二是增施有机肥。深翻桑园，增施有机肥料，天气干旱时桑树不能正常吸肥，可喷施氮肥。用0.5% 尿素液、0.2% 磷酸二氢钾、1% 过磷酸钙液、0.5% 硫酸钾液等现配现用。在傍晚早晨露水干后进行，一般每亩用量 100～150千克，喷在桑叶上，以喷叶背为

图4.49　桑树高温干旱

主，喷湿喷匀，每次喷叶间隔 2~3 天。三是实施地面覆盖。地面铺草或地膜覆盖，能有效防止地温过分升高，减少水分的地面蒸发，增强抗旱能力。另外地面铺草，还能显著增加桑园土壤腐殖质含量，改善土壤团粒结构，增强土壤微生物活动，提高土壤肥力，抑制杂草滋生。四是做好蚕室降温。一方面防止室温升高，另一方面结合补湿措施以降低室温。蚕室四周搭凉棚，挂湿帘，小蚕期可用湿匾或防干纸覆盖，蚕室内挂湿布补湿；日中气温高时，酌情关门窗，傍晚气温降低后，敞开门窗，导入凉爽空气。有条件的地方可利用空调、加湿器等设备做好蚕室降温工作。

④减灾措施：一是及时灌溉。及时灌水是消除旱害最有效的措施。当田间持水量不足 60% 时，只要灌溉条件许可，就应及时灌溉。桑田灌水宜于傍晚或夜间进行，切忌烈日下灌溉。二是地面浅耕。桑园浅耕或浅锄可以切断土壤毛细管，减少水分的地面蒸发。同时顺便清除田间杂草。三是疏芽摘叶。通过疏芽和采摘枝条基部叶，减少树体水分和养分的消耗，减轻干旱危害。四是加强养蚕管理。增加给桑

次数，合理喂叶，避免偏干叶，适当吃湿叶；另加强蚕室消毒防病，地面撒新鲜石灰粉，饲养过程中做到勤除沙。

（4）台风。

①发生时间：台风一般出现在 7—9 月，跨越了桑树整个夏、秋叶生长主要时期，正值夏蚕大蚕期、中秋蚕整个饲养期，以及晚秋小蚕期饲养。台风往往伴随着暴雨，危害严重，易造成桑树倒伏。

②危害症状：当风速在每秒 10 米时会使桑叶相互摩擦受伤；风速达每秒 20 米时会使部分枝条损伤，桑叶脱落；风速达每秒 25 米以上时会使枝条折断，树身倒伏（见图 4.50）。受到风害的桑树，枝叶破损、叶缘萎凋变褐，甚至破碎焦枯，受害桑树易受细菌病、芽枯病等传播蔓延。

图4.50 台风后伏倒桑树

③预防措施：易受台风地区，在迎风面营造防风林带，桑树养成低干树型。丘陵坡地栽桑，采用等高线栽植和培土壅根等措施。沿海地区选栽叶肉厚，叶型中等、枝条坚韧的桑品种。听到大风警报后，可将迎风面的桑枝结缚成束，以减轻风害。采用大棚养蚕的要及时将蚕转移至安全地带，同时揭去塑料大棚的薄膜，防止危房倒塌、漏水，大棚折断，蚕具损失。台风来临前，要多采桑叶储存备用，避免雨水叶喂蚕。

④恢复措施：一是及时开沟排水。台风一般伴随着强降雨，台风过后，及时开沟排水、清理污泥杂物，避免长期积水，影响桑树生长。二是树体扶正加固。及早扶正被台风吹倒的桑树，并用支架加固；抓紧修剪被台风吹断的桑条。桑地表土基本干燥时，及时松土，防止水淹后桑地土壤板结，引起根系缺氧。三是追施肥料。受灾较重桑园，抓住土壤湿润时的机会，追施1次碳铵、尿素或人畜粪肥，促进秋叶生长。四是加强病虫害管理。剪除病芽病叶和病枝集中深埋或烧毁，并用15%链霉素与1.5%土霉素混合液的500倍液喷洒嫩梢、嫩叶，隔7~10天喷1次，连喷3~4次，可控制病情扩展。五是调控蚕室温、湿度。室内养蚕注意调控蚕室温、湿度，大蚕避免高温高湿。

（5）冰雹。

①发生时间：冰雹一般出现在3—8月，跨越春、夏、早秋蚕以及部分中秋蚕饲养期。5月下旬至6月上旬正值桑园夏伐期，冰雹对其影响不大。冰雹发生在发芽期、成熟期、生长期时，对产量影响较大。

②危害症状：冰雹对桑树的破坏力很大，受害程度视雹粒大小和密度而定。冰雹粒大且密集的受害严重，冰雹粒小且密度稀的影响较小。受害严重的，桑芽被打落，枝条和主、支干皮层破裂，致使枝条皮层发黄、干裂、枯死，木质部也发黄、变黑、腐烂，破损的桑叶边缘焦枯，很大一部分叶片感染细菌病而脱落，引起桑叶减产。受害轻的桑树，桑叶破损，影响养蚕用叶（见图4.51）。

图4.51　桑树冰雹危害

③恢复措施：雹害后的处理，主要取决于不同的袭击时间和受害程度，以及当地气候、桑园肥培水平、树势等因素来决定。对于在春季早期受灾，枝条上保留芽叶，预计能赶上春蚕用叶时间的桑园，可不伐条，及时增施速效性肥料，促使新芽继续生长

开叶和休眠芽萌发长叶；在春季中后期受灾，受害重，新发芽叶无法被春蚕利用，树势衰弱和肥培水平低的桑园，应及时伐条和追施速效性肥料，改为夏、秋用桑，争取多养夏、秋蚕。若夏、秋期遭受雹害，则应将被折断的枝条

3. 蚕桑灾害性天气应对措施明白图

蚕桑生产与灾害天气月历表											
月份	11月	12月	翌年1月	2月	3月	4月	5月	6月	7月	8月	9月	10月
生产周期	落叶期、剪梢	休眠期、剪梢	休眠期	休眠期、春伐	发芽期	开叶期、春叶成熟期	春叶成熟期	夏伐、疏芽期	夏叶生长期		秋叶生长期	
灾害性天气	低温冻害（霜害）				低温冻害（霜害）、冰雹		涝害、高温干旱、冰雹		涝害、高温干旱、台风、冰雹	高温干旱、台风、冰雹	高温干旱、低温冻害（霜害）、台风	高温干旱、低温冻害（霜害）

低温冻害（霜害）	受灾症状	产生危害
	霜害致害温度为 −3～ −1℃，症状表现为新梢下垂，最初稍带褐色，以后变黑色，若遇雨水，新梢全部发黑、腐烂；枝干受害后变暗、干枯而死。冻害致害温度低于霜害，症状表现为嫩叶先从叶尖变褐色、呈油渍状，逐渐新卷曲枯萎，腋芽萌发；冻害程度较轻的，仅枝条梢端冻枯，严重的则全株受害，甚至树干冻死。	影响春蚕、晚秋蚕饲养

	灾前预防措施
	（1）关注天气预报，了解气温变化。在春季桑树发芽阶段或晚秋蚕期应密切关注天气变化，特别是每年三、四月份易出现"倒春寒"。 （2）提高树体温度，合理施肥与排水。霜冻桑园采用稻草、薄膜覆盖、熏烟等方法增温抗寒，保护树体，有条件的地区霜冻前桑地沟灌或喷灌，使树体温度保持在0℃，有防霜效果。要多施有机肥，在夏末初秋增施磷、钾肥，氮肥不宜过多，施秋肥时期和秋季抗旱不宜过迟，做好及时排水工作。 （3）合理用叶，山区选栽抗寒品种。秋期采叶不过度，注意留叶养树及晚秋剪梢。有早霜预报而晚秋蚕尚未上族，可用剪梢法收获条桑，竖放在较密闭的低温室内，定期洒水，保持桑叶新鲜。山区可选用当地抗寒品种或发芽迟、副芽多的桑品种，树型宜适当偏高。

	灾后恢复措施
	（1）加强管理：如果霜害较轻，只是部分芽叶受害，叶片焦枯而生长点好的，不必进行剪梢或伐条，可任其生长；如果受霜害严重，大部分芽叶焦枯，应将焦枯部分剪去，促使潜伏芽和副芽萌发。当新梢长到5～6cm时用质量浓度为0.5%尿素液或0.3%磷酸二氢钾叶面喷肥。若温度再低，嫩叶变黑，新发的新芽被冻死，但副芽和休眠芽可望再发，可离嫩芽基部0.5～1.5cm将其摘除，以促提早恢复生长。一般在开2～3叶受冻，桑叶会减产10～30%。 （2）灾后病虫害防治：灾后桑树发芽时间比常年推迟，往往正遇上食芽害虫旺盛活动期，应特别注意治虫工作，保护潜伏芽与副芽萌发的新芽不再受桑象虫、桑毛虫、桑尺蠖的危害。 （3）推迟收蚁：如果灾害天气发生在蚕种催青期间，可用低温抑制胚胎发育，以延迟收蚁、用叶。也可根据桑蚕受害情况，决定是否减少蚕种饲养量。

涝害	受灾症状	产生危害
	桑树受水淹渍，对根部危害影响大，使地上部分由桑叶发黄开始，逐渐枯萎脱落与枝条停止生长、萌生腋芽、侧枝丛生，最后导致整株死亡。	影响桑树正常生长，不利于夏蚕饲养

续图

涝害	
	灾前预防措施
	要建立完善排水系统。平原或低洼桑园必须建有完善的排水系统，田间要每2～3行桑树开1条深、宽各30～40cm的墒沟。视桑园面积沿桑行每30～40m开1条深宽各60～80cm的腰沟，桑园四周开挖深宽各80～100cm的田头沟，并做到墒沟、腰沟、田间头沟之间沟沟相通。雨涝来临前，要认真检修，确保沟沟相连，排水畅通，大田桑园如有条件，最好配备抽水机，以加快排涝速度。
	灾后恢复措施
	（1）排水降渍。迅速清沟理墒，疏通水系，做到沟沟相通，能排能灌，雨止田干。对受涝、受渍桑园，田间要突击隔行开挖宽、深各40～50cm左右的排水降渍沟，并做到开挖的排水沟与田间腰沟、田头沟相通，充分发挥沟系的排水降渍作用，确保桑园在雨停后迅速排干积水，以避免蒸热、灼伤对桑树的影响。 （2）培扶树体。对被大风刮歪、刮倒，或被水流冲斜、冲歪，以及根部、根颈外露的桑树，要抓紧扶植。树体歪斜、倒伏的要扶正培土；树干被泥土、流沙埋没的要清理，使树干露出；根颈被冲刷外露的要培土壅根。

高温干旱	**受灾症状**	**产生危害**
	主要表现在发芽期会延迟发芽或降低发芽率，生长期会随着气温升高桑根逐步自然死亡，桑树叶片萎蔫、黄化脱落。	影响夏秋蚕饲养，持续高温干旱不利于第二年春蚕饲养用叶

	灾前预防措施	
	（1）完善灌溉设施。桑园应水利设施完善，沟系配套畅通，以备需要时能够灌水。 （2）增施有机肥。深翻桑园，增施有机肥料，天气干旱时桑树不能正常吸肥，可喷施氮肥。用0.5%尿素液、0.2%磷酸二氢钾、1%过磷酸钙液、0.5%硫酸钾液等现配现用。在傍晚早晨露水干后进行，一般每亩用量100～150kg，喷在桑叶上，以喷叶背为主，喷湿喷匀，每次喷叶间隔2～3天。 （3）实施地面覆盖。地面铺草或地膜覆盖，能有效防止地温过分升高，减少水分的地面蒸发，增强抗旱能力。另外地面铺草，还能显著增加桑园土壤腐殖质含量，改善土壤团粒结构，增强土壤微生物活动，提高土壤肥力，抑制杂草滋生。 （4）做好蚕室降温。一方面防止室温升高，另一方面结合补湿以降低室温。蚕室四周搭凉棚，挂湿帘，小蚕期可用湿围或防干纸覆盖，蚕室内挂湿布补湿；日中气温高时，酌情关门窗，傍晚气温降低后，敞开门窗，导入凉爽空气。有条件的地方可利用空调、加湿器等设备做好蚕室降温工作。	
	灾后恢复措施	
	（1）及时灌溉。及时灌水是消除旱害最有效的措施。当田间持水量不足60%，只要灌溉条件许可，就应及时灌溉。桑田灌水宜于傍晚或夜间进行，切忌烈日下灌溉。 （2）地面浅耕。桑园浅耕或浅锄可以切断土壤毛细管，减少水分的地面蒸发。同时顺便清除田间杂草。 （3）疏芽摘叶。通过疏芽和采摘枝条基部叶，减少桑体水分和养分的消耗，减轻干旱危害。 （4）加强养蚕管理。增加给桑次数，合理喂叶，避免偏产叶，适当吃湿叶；另加强蚕室消毒防病，地面撒新鲜石灰粉，饲养过程中做到勤除沙。	

台风	**受灾症状**	**产生危害**
	枝叶破损、叶缘萎凋变褐，甚至破碎焦枯。	受害桑树易受细菌病、芽枯病等传播蔓延，影响桑树正常生长

续图

灾前预防措施
易受台风地区，在迎风面营造防风林带，桑树养成低干树型。丘陵坡地栽桑，采用等高线栽植和培土壅根等措施。沿海地区选耐叶肉厚、叶型中等、枝条坚韧的桑品种。听到大风警报后，可将迎风面的桑枝结缚成束，以减轻风害。采用大棚养蚕的要及时将蚕转移至安全地带，同时揭去塑料大棚的薄膜，防止危房倒塌、漏水，大棚折断，蚕具损失。台风来临前，要多采桑叶储存备用，避免雨水叶喂蚕。

灾后恢复措施
（1）及时开沟排水。台风一般伴随着强降雨，台风过后，及时开沟排水、清理污泥杂物，避免长期积水，影响桑树生长。 （2）树体扶正加固。及早扶正被台风吹倒的桑树，并用支架加固；抓紧修剪被台风吹断的桑条。桑地表土基本干燥时，及时松土，防止水淹后桑地土壤板结，引起根系缺氧。 （3）追施肥料。受灾较重桑园，抓住土壤湿润时的机会，追施1次碳铵、尿素或人畜粪肥，促进秋叶生长。 （4）加强病虫害管理。剪除病芽病叶和病枝集中深埋或烧毁，并用15％链霉素与1.5％土霉素混合液的500倍液喷洒嫩梢、嫩叶，隔7～10天喷1次，连喷3～4次，可控制病情扩展。 （5）调控蚕室温湿度。室内养蚕注意调控蚕室温湿度，大暴避免高温高湿。

	受灾症状	产生危害
冰雹	受害轻的桑树，桑叶破损；受害严重的，桑芽被打落，枝条和主、支干皮层破裂，致使枝条皮层发黄、干裂、枯死，木质部也发黄变黑腐烂，破损的桑叶边缘焦枯，很大一部分叶片感染细菌病而脱落。  **灾前预防措施** 采用大棚养蚕的要及时将蚕转移至安全地带，同时揭去塑料大棚的薄膜，防止危房倒塌、漏水，大棚折断，蚕具损失。冰雹来临前，要多采桑叶储存备用，避免雨水叶喂蚕。 **灾后恢复措施** （1）在春季早期受灾，枝条上保留芽叶，预计能赶上春蚕用叶时间的桑园，可不伐条，及时增施速效性肥料，促使新芽继续生长开叶和休眠芽萌发长叶，这样仍能收获一定的春叶；在春季中后期受灾，如受害重，新发芽叶无法被春蚕利用，树势衰弱和肥培水平低的桑园，应及时伐条和追施速效性肥料，改为夏、秋用桑，争取多养夏蚕、秋蚕。 （2）夏、秋期遭受雹害时，应将被折断的枝条剪去，追施速效性肥料，加强肥培管理，使树势迅速恢复。	桑叶减产，影响养蚕用叶

（马焕艳、潘美良执笔）

复习思考题

1. 茶叶受冻害影响有哪些预防措施？
2. 浙江旱热主要发生在哪段时间？
3. 桑树受涝害影响有哪些危害症状？

五、食用菌类

（一）香菇

1. 香菇生长月历及可能发生的气象灾害

浙江省是世界上人工栽培香菇的发源地，有着悠久的栽培历史和深厚的菌文化积淀。香菇是浙江栽培量最大、产量最高、出口量最大的传统优势食用菌。香菇栽培主要分为春栽和秋栽，栽培模式主要有三种：春栽型有高棚层架立体栽培模式和低棚脱袋春栽模式，秋栽型有低棚脱袋秋栽冬（春）收模式。香菇生产主要包括生产准备、料棒制作、菌丝培养、出菇管理等环节，不同栽培模式的季节安排，因品种、海拔及地区不同而略有差异。表4.11以香菇生长月历及可能发生的灾害性天气为例进行说明。

2. 气象灾害对香菇生长的影响及对策

（1）高温。

①发生时间：高温一般发生在6—9月，近5年浙江6—9月平均气温在26.2~28℃，平均气温 ≥ 35℃的天数约1个月。此时香菇栽培正处于制棒接种和养菌的关键期。

②危害症状：因香菇菌丝对高温十分敏感，生长温度范围为5~32℃，最适温度为23~25℃，高于30℃菌丝生长受影响，35℃时菌丝会停止生长。菌丝极限温度为38℃，超过极限温度4小时，菌丝就会自溶死亡。在持续高温天气的影响下，如菌棒越夏场地通风、降温条件等不好，香菇菌丝会出现死亡、菌棒烧菌腐烂等现象（见图4.52）。

③预防措施。

制棒接种阶段：一是选择中高温型香菇品种。要选用菌丝洁白、生长健壮的耐高温品种，如"808""浙香6号""武香1号"等，合理安排生产季节。二是选择适宜配方。配方中适当减少麦麸、米糠等氮源用量，适当增加石灰用量，提高培养料pH值。培养料含水量应适当降低，一般比正常时减少3%~5%。三是适时接种。科学安排当日

表4.11　香菇生长月历及可能发生的灾害性天气

月份		2月	3月	4月	5月	6月	7月	8月	9月	10月	11月	12月	翌年1月	2月	3月	4月
生育期	高棚层架立体栽培模式、低棚脱袋春栽模式	接种期、养菌期						养菌期						出菇期			
	低棚脱袋秋栽模式								接种期养菌期	养菌期出菇期	养菌期出菇期	养菌期出菇期	出菇期			
敏感条件		温度、湿度、风														
灾害天气危害等级		★★	★	★		★★★	★★★	★★★	★★★		★	★★	★★	★★	★	★
可能发生的灾害性天气	台风					√	√	√	√							
	高温						√	√								
	低温冻害	√										√	√	√		
	雪灾	√										√	√	√		

图4.52　香菇菌棒受高温危害

生产量，在4小时内完成拌料装袋，并及时灭菌，常压蒸汽灭菌的须在4小时内升温至100℃，防止菌料酸败。灭菌后，待料温降至28℃以下即可接种，常规接种的宜在早、晚气温较低的时段进行，接种时菌种尽量成块、压实，接种动作要快，并适当增加接种量，严格遵循无菌操作要求。接种后菌袋及时摆到棚内养菌。

养菌阶段：一是选择适宜的越夏场所。室外遮阴棚越夏的，遮阴棚应搭建在通风、四周有水的地方，菌棚顶高宜在3.5米以上，拥有可开活动天窗2~3个，利于空气流通。棚顶及四周要遮光，外覆遮阳网或反光膜等覆盖物，遮阳网上加盖芦苇、稻草等物，但棚顶不能覆盖塑料薄膜，以免造成棚内闷热烧菌。四周可选用竹枝、树枝等有利通风的材料围成栅栏状，提高通风效果。需要室内越夏的菌棚，应选择在干燥、阴凉、通风的底层房间养菌，有条件的可配备制冷及通风等设施。要增加培养房间四周的遮阳设施，如搭凉棚、挂遮阳网等。培养室的向阳面应搭建遮阳网，防止阳光照射菌棒、窗口及墙体。无论是室内越夏场所还是室外越夏场所，菌棒堆入前必须清除培养场所及其周围的杂草、废菌袋、废菌料等，并对养菌场所进行彻底清理消毒、灭菌杀虫，在养菌场地内安装杀虫灯和黄板，采取地面撒生石灰或烟雾消毒剂等方式消毒，降低菌棒堆放场所的病虫基数。二是降温遮阴，加强通风。高温时采用遮阳喷淋降温。养菌棚需在棚顶架设遮阳网和喷淋设施，结合棚外喷水（深井水、水库水等）对培养室内的墙壁四周、空间、地面、室外荫棚的棚顶及四周喷水降温；还可在大棚内四周及棚内人行道两边挖掘出相通的地沟，引入"跑马水"降温；有条件的，可采取湿帘或轴流风扇降温，加强养菌场地通风。处于养菌中后期的，一般要求每天通风1~2次，必要时还必须进行强制通风，以防高温烧菌烂棒。通风换气散热应在早晚进行。三是减少菌棒搬动，加强刺孔管理。因搬动菌棒、刺孔放气等会加剧菌丝生理代谢，使菌丝释放热量，导致菌棒温度升高，所以高温期间应尽量少搬动菌棒，少刺孔放气。香菇菌棒接种后宜堆成中空的三角形或五角形，层高40~50厘米，即3~5层，袋与袋之间留空隙，堆与堆间要留有通风道，以利通气散热。对于因堆放场所有限，需移动的菌棒，应在早晚凉爽时搬运。棚温超过30℃时禁止对菌棒进行刺孔通气，防止空气进入菌棒内部，导致菌丝呼吸作用增强，菌棒温度过高，发生烧菌。含水量高的香菇菌棒越夏时易烂棒，因此要在高温来临之前进行刺孔（环境温度在20~25℃），刺孔深度为1.5~2.5厘米，以降低菌棒含水量，提高越夏安全系数。刺孔通气应选择在早、晚天气凉爽时分批少量进行，同一养菌场地，菌棒刺孔要分批进行；刺孔后及时散堆，并加强通风散热，防止高温烧菌；有条件的，可采取湿帘降温或轴流风扇，加强养菌场地通风。对于含水量偏高，菌棒内有大量黄水淤积的菌棒，应用消毒后的针在筒袋上扎孔，滤干黄水，防止高温、高湿引起烂棒。四是及早做好菌棒散堆、排场。菌棒应在高温季节来临前选择室内或室外通风散热好的场所完成散堆、移堆工作，注意轻拿轻放，避免振动菌棒，并且应安排在早晚低温时段进行。

④恢复措施：一是加强通风。高温过后，应及时打开菇房（棚）门窗、通风口等，加强空气流通，降低二氧化碳浓度，防止菌丝缺氧导致衰老、死亡等。二是防控病虫害。高温过后，菌棒对病虫害的抵抗力下降，所以需特别注意防控。应对设施内外环境进行清理消毒、灭菌杀虫。可采用地面撒布生石灰，或使用漂白粉、烟雾消毒剂、霉斑净等药剂进行杀菌。空棚可采用菇净、高效氯氰甲酯等药剂进行杀虫。三是分级处理受灾菌棒，减少损失。夏季高温造成的烂棒会给香菇害虫提供充裕的食物源，很有可能加重秋季虫害，因此对于已发生

闷堆、烧菌、烂棒的菌棒，要及时清理，防止病菌传播。对于前期局部烂棒，可通过挖除腐烂菌块至健康菌丝处，再涂以生石灰溶液或浓度稍高的杀菌剂的方法来处理，控制病菌的进一步扩展危害。对于已全面烧菌的菌棒，可及早破袋晒料，以重新利用。低海拔地区在9月底前还可再制香菇菌棒，但品种宜选择短菌龄品种。利用污染原料时要添加部分新鲜培养料，用生石灰水调节 pH 值，且要适当加长灭菌时间，以减少杂菌侵染利于养菌。

（2）台风。

①发生时间：浙江是台风多发地区，频发于7—8月。

②危害症状：此时香菇处于接种期和养菌期，台风会导致香菇栽培棚室积水、坍塌，不同程度受损（见图4.53）；栽培原料、菌棒及栽培料被水冲泡；部分设施、设备被水冲泡损坏，甚至被冲走。

③预防措施：一是做好防范台风预案。台风来临前，应时刻关注天气预报，安排专人值班，责任到人，巡查线路和变压器等电力设施，

图4.53　台风后倒伏的菇棚

确保用电安全。及时撤离台风过境地区菇棚的居住人员。同时应准备好抽水机、照明等设施，防止停电、积水。二是提前疏通菇棚等周边沟渠以及排水沟，以免造成菌棒、原料等物资遭水淹雨淋。三是加固检修菇棚等相关设施。台风来临前，应提前加固检修菇棚等设施，防止坍塌造成菌包受损和人员伤亡等；同时根据台风发展态势，必要时，移除覆盖物或破膜等，减轻台风对菇棚的破坏力，保棚减损。

④恢复措施：一是抢修菇棚，疏通沟渠。及时修复损毁的菇棚，避免二次倒塌。倒塌或严重毁坏的菇棚需要拆除后重新搭建，损坏较轻的菇棚应及时进行加固。尽量将香菇菌棒移至干燥安全处，减少损失。及时清理杂物，疏通排水沟，不要让菇棚内产生积水。二是加强通风、遮阴，降低菇棚内湿度。处于越夏期的香菇菌棒，应加厚菇棚的遮阳物，降低温度；保持棚内空气畅通，降低棚内湿度，避免高温高湿引起杂菌污染，导致烂棒。三是加强灾后受损香菇菌棒管理。对遭受雨淋、浸泡的菌棒，要处理沉积在袋内的污水，降低菌棒含水量，促进菌丝恢复健壮。对已压断的菌棒要及时对接，可在菌棒中间插一根竹签使两头对接，及时摆放到棚架上，同时要及时清理被压碎及被杂菌感染的菌棒，防止交叉感染。对接种不久遭受水淹受损的菌棒，应及时破袋翻晒，加新料后重新制作菌棒。四是保持环境卫生，做好病虫害防治。要及时清除菇场周围的杂草、杂物等污染源。菇棚四周可用石灰、漂白粉等进行消毒杀虫。灾后菇蚊、菇蝇将大量发生，可用食用菌专用杀虫灯诱杀。

3. 香菇灾害性天气应对措施明白图

香菇生产与灾害天气月历表															
月份	2月	3月	4月	5月	6月	7月	8月	9月	10月	11月	12月	翌年1月	2月	3月	4月
生产周期 高棚层架立体栽培模式、低棚脱袋春栽模式	接种期、养菌期					养菌期			养菌期 出菇期	出菇期					
生产周期 低棚脱袋秋栽模式							接种期 养菌期			养菌期 出菇期	出菇期				
灾害性天气	低温、连续阴雨	连续阴雨、低温、冰雹	低温、冰雹	暴雨洪涝、冰雹		台风、高温、冰雹、干旱	台风、高温、干旱、冰雹	高温、干旱、连续阴雨	低温、干旱、连续阴雨		低温、连续阴雨、干旱	低温、连续阴雨、干旱		连续阴雨、低温、冰雹	低温、冰雹

续图

受灾症状	产生危害
养菌期：35℃以上高温，菌丝停止生长，超过38℃4小时以上菌丝就会自溶死亡，出现烂袋、流黑水等现象。 出菇期：高温导致出菇缓慢或停止出菇，易出现烧菌、烂棒等现象。	持续高温天气的影响下，如菌棒越夏场地通风、降温条件不好等，会导致香菇菌丝死亡，菌棒烧菌腐烂，严重影响香菇产量。

灾前预防措施

（1）选择中高温型香菇品种。如"808""浙香6号""武香1号"等。
（2）选择适宜的越夏场所。室外越夏应在棚外加盖遮阳网，加强通风降温；室内越夏应选择在干燥、阴凉、通风的底层房间养菌，有条件的可配备制冷及通风等设施。
（3）选择适宜配方。配方中适当减少麦麸、米糠等氮源用量，适当增加石灰用量，适当提高培养料pH值。培养料含水量适当降低，一般比正常时减少3%~5%。制棒时，拌料装袋应在4小时内完成，并及时灭菌。
（4）宜在早晚时段接种。在早晚时段气温较低进行接种，接种时菌种尽量成块、压实，接种动作要快，并适当增加接种量，并严格遵循无菌操作要求。接种后菌袋及时摆到棚内养菌。
（5）降温遮阴，加强通风。
（6）减少菌棒搬动，禁止刺孔。
（7）及早做好菌棒散堆、排场。菌棒应在高温季节前，选择室内或室外通风散热好的场所完成散堆、移堆工作，注意轻拿轻放，避免振动菌棒，并且应安排在早晚低温时段进行。

灾后恢复措施

（1）加强通风。高温过后，应及时打开菇房（棚）门窗、通风口等，加强空气流通，降低二氧化碳浓度，防止菌丝缺氧导致衰老、死亡等。
（2）防疫病虫害。高温条件下，菌棒对病虫害的抵抗力下降，所以需特别注意防控。应对设施内外环境进行清理消毒、灭菌杀虫。可采用地面撒生石灰，或使用漂白粉、烟雾消毒剂、霉斑净等药剂进行杀菌。空棚可采用菇净、高效氯氰甲酯等药剂进行杀虫。
（3）受灾菌棒分级处理，减少损失。对于已发生闷堆、烧菌、烂棒的菌棒，要及时清理，防止病菌传播。对于前期局部烂棒，可通过控除腐烂菌块至健康菌丝处，再涂以生石灰溶液或浓度稍高的杀菌剂的方法来处理，控制病菌进一步扩展危害。对于已全面烧菌的菌棒，可及早破袋晒料，以重新利用。低海拔地区在9月底前还可再制香菇菌棒，但品种宜选择短菌龄品种。利用污染料时，应添加部分新鲜培养料，用生石灰水调节pH值，并且要加长灭菌时间，减少杂菌侵染有利于养菌。

受灾症状	产生危害
台风会导致香菇栽培棚积水、坍塌，不同程度受损；栽培原料、菌棒及栽培料被水冲泡；部分设施、设备被水泡损坏，甚至被冲走。	轻则影响香菇的产量与质量，重则导致香菇当季绝产。

菇棚倒塌　菌棒泡水　菌棒受损

灾前预防措施

（1）做好防范台风预案。台风来临前，应时刻关注天气预报，安排专人值班，责任到人，巡查线路和变压器等电力设施，确保用电安全。及时撤离台风过境地区菇棚的居住人员。同时应准备好抽水机、照明等设施，防止停电、积水。
（2）提前疏通排水沟。提前疏通周边沟渠以及排水沟，以免造成菌棒、原料等物资遭水淹侵湿。
（3）加固检修菇棚等相关设施。台风来临前，应提前加固检修菇棚，防止坍塌造成菌包受损等损失；同时根据台风发展态势，必要时，移除覆盖物或破膜等，以减轻台风对菇棚的破坏力，保护棚减损。

灾后恢复措施

（1）抢修菇棚，疏通沟渠。及时修复损毁菇棚，避免二次倒塌。尽量将香菇菌棒移至干燥安全处，减少损失。及时清理杂物，疏通排水沟，不要让菇棚内产生积水。
（2）加强通风遮阳，降低菇棚内湿度。处于夏秋期的香菇菌棒，应降低温度，保持棚内空气畅通。对于遭受雨淋、浸泡的菌棒，要处理沉积在袋内的污水，降低菌棒含水量，让菌丝恢复健壮。同时，加厚菇棚的遮阳物，避免高温高湿引起杂菌污染，导致坏棒。
（3）加强灾后受损香菇菌棒管理。对已压断的菌棒要及时对接，可在菌棒中间插一根竹签使两头对接，及时摆放到简架上，同时要及时清理被压碎及被杂菌感染的菌棒，防止交叉感染。对接种不久遭受水淹受损的菌棒，应及时破袋翻晒，加新料后重新制作菌棒。
（4）保持环境卫生，做好病虫害防治。要及时清除菇场周围的杂草、杂物等污染源。菇棚四周可用石灰、漂白粉等进行消毒杀虫。灾后菇蚊、菇蝇将大量发生，可用食用菌专用杀虫灯诱杀。

（王琦、宗亭轩执笔，陆中华审核）

（二）黑木耳

1.黑木耳生长月历及可能发生的气象灾害

黑木耳是浙江省传统优势食用菌品种，栽培历史悠久。20世纪70年代开始纯菌种椴木栽培，80年代开始代料栽培，经40多年发展，目前已研究总结出1套适合浙江省栽培的黑木耳袋栽技术。

浙江省黑木耳适宜栽培时间为当年7、8月—翌年4月。黑木耳栽培中菌棒制作时间是决定黑木耳产量高低、品质优劣的关键因素之一。由于海拔不同，7月上旬—9月中旬均可制棒接种，采取遮阳网、黑白膜大棚养菌。中高海拔地区，7月上旬—8月中旬为制袋接种期，9月排场出田；低海拔地区，8月—9月中旬为制袋接种期，10月后分批排场出田。10月底—11月初，逐步产耳，分批采收，秋冬季采收2~3潮，于翌年春季继续采收春耳，4月前基本采收结束。浙江省属于季风气候，春季时间短，多雨天气持续时间长、湿度大，气温回升快；夏天高温持续时间长，且易受台风洪涝影响；秋季有秋旱高温、阴雨；冬季温度低，山区最低温度可达 −10℃。因此，黑木耳生长期间主要受高温、连续阴雨和台风洪涝等危害。表4.12以黑木耳生长月历及可能发生的灾害性天气为例进行说明。

2.气象灾害对黑木耳生长的影响及对策

（1）高温。

①发生时间：浙江省高温一般发生在6—9月，近5年浙江6—9月平均气温在26.2~28℃，平均气温≥35℃的天数约1个月。此时正值黑木耳接种养菌关键期，持续高温会给黑木耳生产带来十分不利的影响，如2017年丽水连续5天超过40℃，黑木耳损失巨大。

②危害症状：黑木耳属于中低温型菌类，菌丝生长温度在6~36℃，最适温度在22~32℃，5℃以下38℃以上受到抑制，子实体生长温度15~27℃，最适温度在20~24℃。高温条件下，黑木耳分泌的水解酶失去活性，膜结构受到破坏，失去控制细胞内外物质的交换，代谢紊乱，丧失生活力。高温对黑木耳菌丝的影响是不可逆的，菌丝长时间处于32℃以上高温条件，菌丝容易衰老；菌丝生长期间若遇到40℃以上高温，菌棒后期感染杂菌严重，甚至不再出耳；

表4.12 黑木耳生长月历及可能发生的灾害性天气

月份		7月	8月	9月	10月	11月	12月	翌年1月	2月	3月	4月
生育期		接种期、养菌期			养菌期	养菌期 出耳期	出耳期				
敏感条件		温	温、水、气		光、温、水						
灾害天气危害等级		★★	★★★	★★★	★★	★★	★★	★★	★★	★	★
可能发生的灾害性天气	台风	∨	∨	∨							
	高温	∨	∨	∨							
	连续阴雨天气			∨	∨	∨	∨	∨	∨	∨	∨

45℃以上高温超过 2 小时，菌丝将被烧死，不再生长和出耳，并且短时间内不易发现，给黑木耳生产造成重大经济损失。出耳期遇长时间 30℃以上高温天气，子实体分化困难，耳芽生长缓慢或停止生长，易发生不出耳、耳芽枯萎、流耳、烂耳等现象，轻则耳片薄、色黄、品质下降，重则绝收（见图 4.54）。

图4.54　高温危害黑木耳

③预防措施：接种阶段。一是适时接种。高温季节接种，须避开高温时段，在早晚气温较低时进行接种可提高菌种成活率（有条件的地方宜在洁净接种室接种）。二是接种后及时套袋，隔绝外界杂菌，为黑木耳菌棒提供温度、湿度相对稳定的无菌环境。

养菌阶段。一是科学养菌。黑木耳养菌过程中，通风、降温是保障黑木耳菌棒成活率的关键。因此要在耳田附近，采用竹木或钢管、黑白膜搭建养菌荫棚，棚顶上方安装喷水带，遇高温天气时，可喷水、喷雾降温。当气温超过 25℃时，每天至少给培养室通风 2~3 次，且晴天通风须在早晚进行。同时须做好养菌场所及周围环境清洁和消毒工作。

黑木耳养菌场所降温设施不齐全的，宜采取控氧养菌法，即接种后在菌棒外增套1个塑料袋，养菌期间不进行翻堆代之静养，以减少空气交换，降低菌丝呼吸作用。具体措施为：接种套袋后的菌棒采取"1"字形或"井"字形堆放，堆放时接种口朝侧面，严防上层的菌棒压实接种口，造成菌丝缺氧，影响养菌速度，顶层菌棒的接种孔朝下，缓冲外界高温对接种块萌发生长的影响，层高控制在7层内，每排菌棒间隔50厘米，分别用薄膜覆盖严实，阻隔外界热空气；接种7~10天，菌落大小达7~8厘米后，逐步掀起薄膜。因搬动菌棒会加剧菌丝生理代谢，使菌丝释放热量导致菌棒温度升高，所以高温期间菌棒堆放后，尽量不要翻动菌棒。当菌丝长满整个菌棒后，待气温适宜，在天晴或阴天适时进行脱袋刺孔排场。

黑木耳养菌场所降温设施齐全的。遇高温天气可采取增氧养菌法，具体措施为：接种后的菌棒采取"井"字形堆放，堆放时，菌种口朝外，每堆高度控制在5~7层，堆与堆间隔约40厘米，当菌棒里的菌丝长到约5厘米，脱去菌棒外的套袋，进行翻堆，翻堆时检查菌种生长和杂菌污染情况，及时剔除未成活和杂菌污染的菌棒。采用"△"形堆放的，层高3~4层，堆与堆间隔约30厘米，注意加强通风换气，待表面菌丝发满整个菌棒后，再养菌7~10天，使菌丝深入菌棒内部再进行刺孔催芽管理。翻堆会刺激菌丝旺盛生长，菌棒温度会急剧升高，须密切注意堆温和培养室温度，加强通风，及时散热，温度超过28℃时，采取棚顶喷水、强制通风等措施降温。

二是适时刺孔催芽。未刺孔的黑木耳菌棒：遇高温时应适当推迟刺孔，待气温降低后再刺孔催芽。大田刺孔催芽菌棒：菌棒下地前，应铺设防草垫，喷湿防草垫，菌棒排放在田中，喷雾化水约7分钟，使菌袋上有水珠、刺孔处未积水即可，如遇高温天气，可在8时前、20时后喷水，避免向发烫的菌棒喷水。有条件的应搭建遮阴棚。室内刺孔催芽菌棒：刺孔后，由于菌棒温度会急剧升高，须打开所有门窗通风散热，密切注意室温和菌棒温度，严防高温烧菌。养菌棚空间小，散热降温能力不强的，宜采用边刺孔边排场，在耳场进行养菌与催芽管理。刺孔后养菌约2周可见耳芽形成，如遇连续晴燥天气，气温高时，可在 19~20 时，采用间隙喷水增湿法进行催芽。

④恢复措施：一是及时分级处理受灾菌棒。对于前期局部烂棒，可通过挖除腐烂菌块至健康菌丝处，再涂以生石灰溶液或浓度稍高的杀菌剂，防止和控制病菌的进一步扩展危害；对吐黄水、有部分污染的菌棒，要将其与正常的菌棒分开，以免引起交互感染；对已出现感染的菌棒，应在早晚时间及时清理；对已全面闷菌、烧菌的菌棒，要趁早及时破袋晒料，重新利用原料生产其他食用菌，以减少损失。二是加强通风管理。高温后，可通过打开门窗或使用电风扇等，为菌棒创造良好的通风散热增氧条件，从而促进菌丝恢复生长和菌棒生理成熟。三是抓好环境卫生。对黑木耳高温受灾场地及时清扫，可通过生石灰或高锰酸钾等进行消毒，防止灾后病害的发生，一旦发现菌包杂菌感染，立刻进行深埋或烧毁。

（2）台风。

①发生时间：浙江省是台风多发地区，2018年共有 6 个台风影响，为近 14 年来最多（常年 3~4 个）。台风多发生在 7—8 月，此时黑木耳处于接种期和养菌期。

②危害症状：台风会导致养菌棚积水、坍塌等不同程度受损（见图 4.55）；栽培原料、菌棒及设施、设备被水冲泡损坏，甚至被冲走；黑木耳易受杂菌污染。

③预防措施：一是做好防范台风预案。台风来临前，应时刻关注天气预报，安排专人值班，责任到人，巡查线路和变压器等电力设施，确保用电安全。及时撤离台风过境地区菇棚的居住人员。同时应准备好抽水机、照明等设施，防止停电、积水。二是提前疏通排水沟。提前疏通周边沟渠以及排水沟，以免造成菌棒、原料等物资遭水淹雨淋。三是加固检修菇棚等相关设施。台风来临前，应提前进行加固检修菇棚，防止坍塌造成菌包受损等损失；同时根据台风发展态势，必要时，移除覆盖物或破膜等，以减轻台风对菇棚的破坏力，保棚减损。

④恢复措施：一是及时修复菇棚。台风过后，尽快修补或重新搭建因灾损坏倒塌的菇棚，避免灾后晴天高温和菇棚倒塌等对黑木耳生

图4.55　台风危害黑木耳养菌棚

产造成二次危害。二是及时处理受淹材料及菌棒。受淹原材料于天气晴朗后，及时进行摊晾、暴晒，加入3%~5%的石灰进行堆置发酵，发酵结束后再晒干备用。及时清理杂质、杂物，冲洗菌袋，进行重新摆放。及时清理被压碎、被杂菌感染的菌棒及废弃菌袋，防止感染。对接种不久遭受水淹受损的菌棒，应及时破袋翻晒，加新料后重新制作菌棒。三是加强排涝工作。及时清沟排水，排除积水。内涝积水严重的应用水泵进行排水。四是防止病害发生。对发生过洪涝灾害的黑木耳地块用生石灰或高锰酸钾进行消毒，一旦发现杂菌感染，全部深埋或烧毁。

（3）连续阴雨。

①发生时间：浙江连续阴雨天气一般发生在春、秋季。近5年来，连续阴雨天气每年均超过1次，2018年12月1日至2019年2月18日，浙江更是出现历史罕见的冬季阴雨寡照天气。此时是黑木耳的养菌、排场或出耳期，连续阴雨对黑木耳生产影响较大。

②危害症状：目前黑木耳菌棒刺孔排场大多采取露天地排方式，如遇多雨天气，因缺乏遮挡措施而导致积水，易产生病虫害、烂耳；

出耳期如遇连阴雨，耳片会长时间处于吸涨状态，耳片疯长而培养基内营养供应不上，致使耳片变薄、变黄，甚至造成流耳、烂耳；耳片采收后，如遇连续阴雨，会导致黑木耳不能及时晒干而引发烂耳（见图4.56）。

图4.56　连阴雨危害黑木耳

③预防措施：一是降低黑木耳菌棒含水量。在连续阴雨天气来临前，应停止对黑木耳菌棒喷水，尽量降低菌棒的含水量，防止菌包积水，引起烂耳、流耳等现象。二是采用薄膜避雨栽培。如遇连续阴雨天气，应在室外菌包上覆盖一层薄膜，防止雨水直接滴入出耳孔，引起耳孔感染；同时也应注意通风，防止高温高湿引发病害。三是及时采收。在连续阴雨天气来临前，根据黑木耳品种特点及时采收，"黑山"品种达七、八分熟，"916"品种达六、七分熟时即可采收。采收后的黑木耳及时进行晾晒，有条件的进行烘干，以减少烂耳流耳，提高黑木耳质量。

④恢复措施：一是及时清理菌棒养菌场所，加强出耳管理。连阴雨过后，处于养菌期的，要及时清理养菌场所内的淤泥、杂物和废菌棒，排除积水，将受淹、受埋菌棒及时搬至阴凉通风处；及时做好消毒工作，水泥地面的应冲洗干净并通风除湿干燥后，用漂白粉或二氧化氯喷洒地面和墙壁；泥地面的可采取铺1层干净新土，并撒1层生石灰消毒后使用；室外养菌棚在地面、畦床、培养架及周围环境撒上1层生石灰吸湿消毒；周边环境统一杀虫、消毒1次。处于出耳期的养菌场所，及时疏通排水沟，排除积水；并暂停喷水，待菌棒稍干

后再视情况开展正常喷水。二是加强病虫害防治。保持好室内外养菌场所的清洁，定期消毒。加强通风降温降湿，使菌棒堆放场所保持阴凉、通风、低湿状态，减少或避免后期天晴高温导致的烧菌烂棒现象。对菇蚊等虫害可喷施低毒低残留的杀虫药剂进行环境消杀。局部杂菌感染可采用二氧化氯等药剂进行喷雾处理。三是及时采收黑木耳。阴雨天气后，及时采摘黑木耳，平铺在室内风干，也可将采收的黑木耳放入冷库中冷藏，天晴后再晾晒。有条件的可利用烘干设备及时烘干。

3. 黑木耳灾害性天气应对措施明白图

黑木耳生产与灾害天气月历表									
月份	7月	8月	9月	10月	11月	12月	翌年1月	2月	3月	4月
生产周期	接种期、养菌期		养菌期、出耳期			出耳期				
灾害性天气	台风、高温、冰雹、干旱	台风、高温、干旱、冰雹	台风、干旱、连续阴雨	低温、冰雹、暴雨洪涝、冰雹		低温、连续阴雨、冰雹、干旱	低温、连续阴雨		连续阴雨、低温、冰雹	低温、冰雹

	受灾症状	产生危害
	养菌期：32℃以上高温，菌丝容易衰老；40℃以上的高温，菌棒后期感染杂菌严重，甚至不再出耳；45℃以上的高温超过2个小时，菌丝将被烧死，不再生长和出耳。出耳期：长时间30℃以上高温，子实体分化困难，耳芽生长缓慢或停止生长，易发生不出耳、耳芽枯萎、流耳、烂耳等现象。	轻者导致黑木耳耳片薄、色黄等品质下降，重者导致绝收。

高温

灾前预防措施

（1）合理安排制棒。制棒时，拌料装袋应在4小时内完成，并及时灭菌。
（2）宜在早晚低温时段接种。高温季节接种，须避开日中高温时段，在早晚气温较低时进行接种，有条件的应在标准接种室内接种，可提高菌种成活率。
（3）科学养菌。养菌期如遇高温天气，应加强通风降温，在棚顶喷水、喷雾降温；当气温超过25℃，每天至少给培养室通风2～3次，晴天通风须在早晚进行。
（4）合理安排刺孔催芽。遇高温天气适当推迟刺孔；若已刺孔，应加强通风降温，可在早上8点前、晚上8点后喷水，避免直接向发烫的菌棒喷水，密切注意室温和菌棒温度，严防高温烧菌。刺孔后，养菌约2周可见耳芽形成，如遇连续晴朗天气，气温高时，于晚上7～8点后，采用间隙喷水增湿法进行催芽。
（5）科学管理排场出耳。遇高温天气，气温高于25℃时应避免喷水，使耳片处于"干缩"歇息状态，以提高耳片对逆境的抵抗能力，早晚气温低于25℃时各喷1次水。

灾后恢复措施

（1）加强通风，恢复生长。高温后，可通过打开门窗或使用电风扇等，为菌棒创造良好的通风散热增氧条件，从而促进菌丝恢复生长和菌棒生理成熟。
（2）保证环境卫生，防止各类病害发生。对黑木耳高温受灾场地进行清扫，可通过生石灰或高锰酸钾等进行消毒，防止灾后病害的发生，一旦发现菌包杂菌感染，立刻进行深埋或烧毁。
（3）受灾菌棒分级处理，减少损失。对于前期局部烂棒，可通过挖除腐烂菌块至健康菌丝处，再涂以生石灰溶液或浓度稍高的杀菌剂来处理，防止和控制病菌的进一步扩展危害；对吐黄水、有部分污染的菌棒，要与正常的菌棒分开，以免引起交叉感染；对已受感染的菌棒应及时清理；对已全面闷菌烧菌的菌棒，要趁早及时破袋晒料，可以重新利用生产其他食用菌，以减少损失。

续图

受灾症状	产生危害
台风会导致黑木耳养菌料积水、坍塌，不同程度受损；栽培原料、菌棒及培养料被水冲泡；露地黑木耳杂菌污染现象严重；部分设施、设备被水冲泡损坏，甚至被冲走。	轻则影响黑木耳的产量与品质，重则导致黑木耳当季绝产。

<table>
<tr><td align="center">菇棚坍塌、菌棒受损</td><td align="center">菇棚积水、菌棒泡水</td></tr>
</table>

台风	灾前预防措施

（1）做好防范台风预案。台风来临前，应时刻关注天气预报，安排专人值班，责任到人，巡查线路和变压器等电力设施，确保用电安全。及时撤离台风过境地区菇棚的居住人员。同时应准备好抽水机、照明等设施，防止停电、积水。
（2）提前疏通排水沟。提前疏通周边沟渠以及排水沟，以免造成菌棒、原料等物资遭大水淹雨淋。
（3）加固检修养菌棚等相关设施。台风来临前，应提前进行加固检修养菌棚，防止坍塌造成菌包受损等损失；同时根据台风发展态势，必要时，移除覆盖物或破膜等，以减轻台风对养菌棚的破坏力，保棚减损。

灾后恢复措施

（1）及时修复养菌棚。台风过后，对因灾损坏倒塌的养菌棚要及时修补或重新搭建，避免灾后晴天高温和养菌棚倒塌等造成二次危害。
（2）及时处理受淹材料及菌棒。受淹原材料为天气晴朗后，及时进行摊晾、暴晒，加入3%～5%的石灰进行堆置发酵，发酵结束后再晒干备用。及时清理台风杂质、杂物，冲洗菌袋，进行重新摆放。
（3）加强排涝工作。台风雨量大的，应及时疏通排水沟，尽快排除积水，内涝严重的，就用抽水泵进行排水。
（4）加强病害防治。对发生过洪涝灾害的黑木耳地块用生石灰或高锰酸钾进行消毒，发现杂菌感染菌棒，应全部深埋或烧毁。

受灾症状	产生危害
出耳期：易造成耳片变黄水分过大，使耳片长时间处于吸涨状态，耳片疯长而基内培养料营养供应不上，致使耳片变薄、变黄，甚至造成流耳、烂耳。 采后：黑木耳不能及时晒干，而引发烂耳。	影响黑木耳品质，效益较差。

连续阴雨天气	灾前预防措施

（1）降低黑木耳菌棒含水量。在连续阴雨天气来临前，应停止对黑木耳菌棒喷水，尽量降低菌棒的含水量，防止受灾导致菌包积水，引起烂耳、流耳等现象。
（2）采用薄膜避雨栽培。如遇连阴雨，应在室外菌包上覆盖1层薄膜，防止雨水直接滴入出耳孔，避免耳孔感染；同时也应注意通风，防止高温高湿引发病害。
（3）及时采收。"黑山"品种达七、八分熟，"916"品种达六、七分熟时即可采收，采收后的黑木耳及时进行晾晒，减少流耳情况的发生。

灾后恢复措施

（1）及时清理菌棒养菌场所，加强出耳管理。连续阴雨天气过后，处于养菌期的，养菌场地淤积泥水的，先排除积水，将受淹、受埋菌棒清理出，搬至阴凉通风处；清理养菌场所内的淤泥和杂物；及时做好消毒工作，水泥地面冲洗干净并通风除湿干燥后，用漂白粉或二氧化氯喷洒地面和墙壁，泥地面的可采取铺1层干净新土，并撒1层生石灰消毒后使用；及时清理废菌棒，在地面、畦床、培养架及周围环境撒上1层生石灰吸附湿消毒；周边环境统一杀虫、消毒1次。处于出耳期的，及时疏通排水沟，排除积水，并暂停喷水，待菌棒稍干后再视情况开展正常喷水。
（2）加强内害虫害防治。保持好养菌棚和室内养菌场所的清洁，定期消毒。加强通风降温防湿，使菌棒堆放场所保持阴凉、通风、低湿状态，减少或避免后期天晴高温易导致的烧菌烂棒现象。对菇蚊等虫害可施低毒低残留的杀虫剂进行环境消杀。局部杂菌感染可采用二氧化氯等药剂进行喷雾处理。
（3）及时采收黑木耳。阴雨天气后，及时采摘黑木耳，平铺在室内风干，也可将采收的黑木耳放入冷库中冷藏，天晴后再晾晒。

（宗亭轩、王琦执笔，陆中华审核）

复习思考题

1. 香菇受高温影响有哪些恢复措施？
2. 黑木耳受台风影响有哪些预防措施？
3. 黑木耳受连续阴雨影响有哪些恢复措施？

六、中药材类

（一）浙贝母

1. 浙贝母生长月历及可能发生的气象灾害

浙贝母为百合科贝母属多年生草本植物，主要以其干燥鳞茎为药用部分。浙贝母性喜温凉、怕旱怕涝，适宜生长温度为 7~25℃，忌积水。浙贝母生长期相对较长，在 9 月中旬—10 月上旬播种，一般多在 10 月中下旬发芽，随后芽分化明显加快，11 月鳞茎开始发根；翌年 1—2 月，主茎出土；2 月中下旬，叶面积快速增长；3 月上旬，开始开花，须及时摘花打顶，花期约两周；5 月上中旬，全株枯黄后采收，浙贝母留种 5 月底进入田间越夏管理。浙贝母生长期内受高温和干旱灾害影响较小，主要遭受的不良灾害为低温冻害、冰雹以及洪涝等。大棚栽培能促进浙贝母出苗迁根系生长及茎秆的发育，有效保持温度，可以提高浙贝母的产量。表 4.13 以浙贝母生长月历及可能发生的灾害性天气为例进行说明。

2. 气象灾害对浙贝母生长的影响及对策

（1）低温冻害。

①发生时间：浙贝母低温冻害一般发生在 1—3 月和 10—12 月，此时正值浙贝母鳞茎出芽和主茎生长期。低温会对浙贝母根系和主茎造成伤害，对浙贝母生长和产量造成一定影响。

②危害症状：浙贝母根系生长最适温度为 16~18℃，气温低于 4℃或高于 30℃时停止生长。当温度低于 -3℃时，植株发生冻害，

表4.13　浙贝母生长月历及可能发生的灾害性天气

月份	9月	10月	11月	12月	翌年1月	2月	3月	4月	5月	6月	7月	8月
生育期	播种期	鳞茎出芽（上旬）／芽分化加快（下旬）	鳞茎发根	鳞茎持续生长	主茎出土	苗期（上旬）／二秆出土（中旬）	花期	鳞茎膨大期	采收期	种鳞茎休眠越夏		
敏感条件	温、水、肥	温、水	温、水	温、水	温、肥	温、水、肥	温、水、肥	温、水	温、水			
灾害天气危害等级	★（上旬）	★（上旬）					★（中旬）	★★	★★			
可能发生的灾害性天气　台风	✓										✓	✓
可能发生的灾害性天气　洪涝	✓										✓	✓
可能发生的灾害性天气　低温冻害		✓	✓	✓	✓	✓	✓					
可能发生的灾害性天气　冰雹							✓	✓	✓	✓		
可能发生的灾害性天气　干旱	✓	✓									✓	✓

叶片萎缩，根部生长停滞，对产量造成一定影响；在鳞茎萌发初期，新芽对低温有一定的适应能力，即使短期内受到冰冻、下雪等灾害，仍能生存，直至温度低于 −6℃开始受冻。1—2月，浙贝母主茎出土，叶面积快速增长，此时叶片受冻害影响显著，受冻较轻的浙贝母叶片往往表现为叶尖和叶缘干枯，若生长部位未冻死，待气温恢复后，叶片后期仍可恢复生长；受冻严重则会导致整片叶子枯死脱落，植株茎秆倒伏，影响植株发育，进而使整个生育期推迟，甚至导致植株死亡（见图4.57）。

图4.57　浙贝母春季冻害

③预防措施：一是时刻关注气候变化。每年的气候变化不同，要密切关注天气预报。每年3—4月易出现春季低温，要根据气温变化安排好采收时机，尽量在低温来袭之前采取有效措施。二是做好抗寒防冻措施，及时检修防冻覆盖物。对浙贝母覆盖稻草、杂草、砻糠灰、草木灰、地膜等防冻，在低温天气来临前，培土提高地温护根，增强根系活力，减轻低温冰冻对根系的伤害。低温冻害来临前，对浙贝母田间覆盖物进行全面检查，发现破损要及时更换或者修补。同时加固覆膜，提高田间覆盖物的抗压性，防止低温灾害可能伴随的积水或积雪覆压对浙贝母造成机械性损伤。三是结合中耕、清沟进行

培土壅蔸。由于地表活动面上温度变化最剧烈，随着土壤温度的增加，日变化减少，最低温度相应提高。培土后，植株根系的深度相应增加能起到保温的效果，而且地表温度越低，保温的效果越显著。对植株根部培上较干燥的土壤（树蔸培土 40~60 厘米），就能减轻或避免低温冻害时对根系的危害。四是重施腊肥。在封冻前，每亩用 1500~2000 千克有机肥施在浙贝母植株行间，不仅能提高地温，还能防冻保暖，同时又能起到冬肥春用、提高土壤肥力的作用。

④恢复措施：一是加强田间管理，补救受冻浙贝母。受冻较轻的浙贝母叶面主要表现为叶片萎缩，心叶未受伤害，采取喷施 0.2% 磷酸二氢钾等肥料，撒施草木灰等措施，受冻浙贝母植株仍能恢复生长；受冻较重的叶片表现为叶面枯死，考虑在气温回升后，适当喷施叶面肥，植株有可能恢复生命力。二是疏通沟渠，清沟排水。如果低温期间遭受降雨或降雪等不良天气，应抢晴天及时清理田内"三沟"，尽快清除田间基地主要排水沟内的积雪及淤泥，尽可能确保沟内不积雪、不积水，降低田间地下水位，以利于土壤温度回升；清除积雪，防止积雪融化时吸收大量热量而降低温度，提高根系活力，促进植株恢复生长。三是科学施肥。低温冰冻天气过后可喷施叶面肥或 0.2% 磷酸二氢钾，撒施草木灰等措施，可促进受冻浙贝母快速恢复生长。四是加强病虫害防治。受冻植株长势差，抵抗力较弱，易发生病虫害，应及时清理受冻植株枝叶并喷药防治。重点防治浙贝母灰霉病、黑斑病、干腐病、软腐病等病害。

（2）洪涝。

①发生时间：暴雨、大暴雨和台风往往是引发洪涝灾害发生的直接原因和诱发因素，浙江地处亚热带季风气候区，暴雨往往集中在 4—10 月，浙西、浙南主要集中在梅雨期（6 月），其他地区集中在台风雨季（8—9 月），沿海山丘区和浙西、浙南沿海山丘区暴雨频率最高。

暴雨洪涝属于突发性灾害，持续暴雨急而快，引发的洪涝淹没农作物，使农作物新陈代谢难以正常进行而发生各种伤害，同时引发山洪暴发、河流泛滥等，进而冲毁农舍和工农业设施，造成严重的经济损失。

每年4—9月的梅雨或台风会引发洪涝灾害，易对鳞茎膨大期和采收期的浙贝母造成伤害，洪涝引发的积水和水土流失等会对浙贝母根系和鳞茎造成伤害，对浙贝母产量造成一定影响，严重时甚至绝收。

②危害症状：浙贝母往往在播种期、幼苗萌发期、采收期和田间越夏阶段易遭受暴雨洪涝灾害影响，排水不畅易引起积水成涝，土壤孔隙被水充满，造成浙贝母根系缺氧，根系生理活动受到抑制，产生有毒物质，进而导致浙贝母幼苗受害甚至死亡，影响产量；或引发水土流失，将留种地种越夏保留的种鳞茎直接冲走（见图4.58—图4.60）。

③预防措施：一是时刻关注气候变化。及时掌握气象信息，积极与当地气象部门联系，及时掌握基地及周边地区未来气象信息，做好暴雨洪涝来临应急预案，有针对性地开展相关工作。二是做好排水措施，防止积水。暴雨发生前，必须安排专人排查基地水沟，及时补挖排水沟，最好在30厘米以上，必须保证围沟深度＞腰沟深度＞畦沟深度，加固沟渠堤坝，同时积极疏通种植基地周围涵洞，保证通水顺畅。三是检修大棚，保证排水通畅。对于设施大棚种植的浙贝母，必须保证大棚结构坚固，薄膜铺设规范，需要在薄膜裙边处开沟，同时必须保证大棚之间的排水沟排水顺畅，防止积水倒灌。暴雨期间，基地必须安排专人值守，及时排查险情，发现险情务必第一时间上报并妥善处理。四是及时抢收。浙贝母一般在5月上旬开始采收，如果提前预知洪涝灾害来临，可以在适当情况下及时组织抢收，减少损失。

④恢复措施：一是及时松淤排水，降低田间地下水位。暴雨过后，一旦积水，必须尽快清除排水沟淤泥，保证排水顺畅，防止田间积水。尤其对于地势低洼排水不畅的地块，要安排动力排水，降低地下水位，减少积水时间，尽量减轻因积水和涝害引发的浙贝母生理性病害，尽快恢复根系生长，降低受害程度。二是做好中耕松土，加强病虫害防治。雨后排除田间积水后，及时进行田间中耕松土，防止土壤板结，影响根系生长，及时施用药剂防治病菌侵染，避免暴

图4.58　洪涝导致浙贝母种植大棚垮塌

图4.59　浙贝母采收期遭受洪涝灾害

图4.60　浙贝母受洪涝后鳞茎裸露

发病害。做好病虫草害防治，在雨后及时清理田间和四周杂草、残枝烂叶和农业废弃物，可在田间四周和畦沟撒施石灰或草木灰进行消毒灭菌、灭虫。密切关注灰霉病、黑斑病（黑斑型灰霉）、干腐病、软腐病等浙贝母常见病害发生，及早做好预防措施。加强虫害防治，主要为蛴螬等地下害虫，适时开展应急防治和统防统治，喷施3%阿维·吡虫啉颗粒剂以减轻病虫危害。三是做好科学施肥。暴雨引发的长期雨水浸泡，可能会导致浙贝母根系受损和田间土壤养分损失，故应及时根外追肥，使用磷酸二氢钾或相关叶面肥等进行叶面喷施，促进植株恢复生长。

（3）冰雹。

①发生时间：冰雹灾害一般发生在3—8月，3—4月发生频率较高。冰雹虽然持续时间短，但来势猛、强度大，常常伴随狂风暴雨，往往对局部地区农作物造成严重损失，甚至颗粒无收。冰雹对浙贝母的危害较大，浙贝母花期及鳞茎膨大期如遭受冰雹灾害，极易造成植株损伤甚至死亡，对生长和产量均造成严重影响（见图4.61）。

②危害症状：浙贝母往往在花期、鳞茎膨大期和采收阶段易遭受冰雹灾害影响，对植株叶面、茎秆、花等地上部分造成机械损伤，主要表现为叶面破损、植株茎秆倒伏等症状，导致浙贝母受伤或死亡。

2020年3月下旬，浙贝母主产区东阳市遭受冰雹天气，对药农造

图4.61　浙贝母遭受冰雹灾害

成重大经济损失。据统计，东阳市受灾面积达 3000 余亩，一些药农基本绝收，经济损失达千万余元。

③预防措施：一是时刻关注气候变化。由于冰雹灾害具有突发性、短时性和局部性等特征，对冰雹灾害的预测相对较为困难。应积极与当地气象部门联系，及时掌握基地及周边地区的未来气象信息，根据气象部门捕捉到的雹云位置、距离和厚度，做好冰雹来临的应急预案，开展针对性工作。二是做好防雹措施，检修大棚。在冰雹出现前，考虑对浙贝母植株采取覆膜遮盖等措施，减少受伤程度；若受灾时期临近采收，可对已经成熟的浙贝母进行抢收，尽可能减少损失。对于设施大棚种植的浙贝母，必须保证大棚结构坚固，薄膜铺设规范，有效防止冰雹灾害发生。三是及时抢收。冰雹发生期主要集中在浙贝母鳞茎膨大期和采收阶段，如果提前预知到冰雹来袭，可以在适当情况下及时抢收，减轻损失。

④恢复措施：一是加强田间管理，补救受雹灾的浙贝母。对于遭受雹灾的浙贝母，应及时扶株培土、中耕松土；提高地温，或采取灌溉等措施加速冰雹尽快融化。如遭受冰雹伴随的暴雨灾害，应及时松淤排水，缩短积水时间，减轻渍害和涝害对浙贝母根系引起的损伤，降低受害程度。二是开展科学施肥。受冰雹轻微砸伤的叶片，应及时追肥，使用磷酸二氢钾等，同时对叶面喷施叶面肥，撒施无烟草木灰等，有助于植株恢复生长。三是加强病虫害防治。叶面受损伤或植株倒伏的浙贝母，抵抗力会受到影响，易发生病虫害等，应时刻关注病害发生情况，及时采取防治措施，重点防治浙贝母灰霉病、黑斑病、干腐病、软腐病等病害。

3. 浙贝母灾害性天气应对措施明白图

浙贝母生产与灾害天气月历表											
月份	9月	10月	11月	12月	翌年1月	2月	3月	4月	5月	6月	7月	8月
生产周期	播种期	鳞茎出芽	鳞茎发根	鳞茎持续生长	主茎出土	二秆出土	花期	鳞茎膨大期	采收期	种鳞茎休眠越夏		
灾害性天气	台风、洪涝、干旱	低温冻害、干旱	低温冻害	低温冻害	低温冻害	低温冻害	低温冻害、冰雹	台风、洪涝、冰雹、干旱	冰雹	台风、洪涝、冰雹	台风、洪涝、冰雹

续图

<table>
<tr><td rowspan="7">低温冻害</td><td>受灾症状</td><td>产生危害</td></tr>
<tr><td>受冻较轻的浙贝母叶片往往表现为叶尖和叶缘干枯，若生长部位未冻死，待气温恢复后，叶片后期仍可恢复生长；受冻严重则会导致整片叶子枯死脱落，植株茎秆倒伏，影响植株发育，进而使整个生育期推迟，甚至导致植株死亡。</td><td>浙贝母低温冻害一般发生在1～3月和10～12月，此时正值浙贝母鳞茎出芽和主茎生长期。低温会对浙贝母根系和主茎造成伤害，对浙贝母生长和产量造成一定影响，需引起足够重视。</td></tr>
<tr><td colspan="2"></td></tr>
<tr><td colspan="2">灾前预防措施</td></tr>
<tr><td colspan="2">（1）时刻关注气候变化。每年的气候变化不同，要密切关注天气预报。每年三、四月份易出现“倒春寒”，要根据气温变化安排好采收时机，尽量在低温来袭之前采取有效措施。
（2）做好抗寒防冻措施，及时检修防冻覆盖物。对浙贝母覆盖稻草、杂草、砻糠灰、草木灰、地膜等防冻，在低温天气来临前，培土提高地温护根，增强根系活力，减轻低温冰冻对根系的伤害。低温冻害来临前，要对浙贝母田间覆盖物进行全面检查，发现破损要及时更换或者修补。同时要加固覆膜，提高田间覆盖物的抗压性，防止低温灾害可能伴随的积水或积雪覆压，对浙贝母造成机械性损伤。
（3）结合中耕、清沟进行培土壅蔸。由于地表活动面上温度变化最剧烈，随着土壤温度的增加，日变化减少，最低温度相应提高。培土后，植株根系的深度相应地增加能起到保温的效应，而且地表温度越低，保温的效果越显著。在植株根部培上较干燥的土壤（树蔸培土40～60厘米），就能减轻或避免低温冻害时对根系的危害。
（4）重施腊肥。俗话说：“冬施一层肥，好比盖棉被”。在封冻前，每亩用1500～2000千克有机肥施在浙贝母植株行间，不仅能提高地温，还能防冻保暖，同时又能起到冬肥春用、提高土壤肥力的作用。</td></tr>
<tr><td colspan="2">灾后恢复措施</td></tr>
<tr><td colspan="2">（1）加强田间管理，补救受冻浙贝母。受冻较轻的浙贝母叶面主要表现为叶片萎缩，心叶未受伤害，采取喷施0.2%磷酸二氢钾等肥料，撒施草木灰等措施，受冻浙贝母植株仍能恢复生长；受冻较重的叶片表现为叶面枯死，考虑在气温回升后，适当喷施叶面肥，植株有可能恢复生命力。
（2）疏通沟渠，清沟排水。如果在低温期间，遭受降雨或降雪等不良天气，抢晴天及时清理田内“三沟”，尽快清除田间基地主要排水沟内的积雪及淤泥，尽可能确保沟内不积雪、不积水，降低田间地下水位，以利于土壤温度回升；清除积雪，防止积雪融化时吸收大量热量而降低温度，提高根系活力，促进植株恢复生长。
（3）科学施肥。低温冰冻天气过后可喷施尿素、叶面肥或0.2%磷酸二氢钾，撒施草木灰等措施，可促进受冻浙贝母快速恢复生长。
（4）加强病虫害防治。受冻植株长势差，抵抗力较弱，易发生病虫害，应及时清理受冻植株枝叶并喷药防治。重点防治浙贝母灰霉病、黑斑病、干腐病、软腐病等病害。</td></tr>
<tr><td rowspan="3">洪涝</td><td>受灾症状</td><td>产生危害</td></tr>
<tr><td>浙贝母往往在播种期、幼苗萌发期、采收期和田间越夏阶段易遭受暴雨洪涝灾害影响，排水不畅易引起积水成涝，土壤孔隙被水充满，造成浙贝母根系缺氧，根系生理活动受到抑制，进而导致浙贝母幼苗受害甚至死亡。</td><td>每年4—7月的梅雨或台风引发洪涝灾害，易对鳞茎膨大期和采收期的浙贝母造成伤害，洪涝引发的积水和水土流失等，会对浙贝母根系和鳞茎造成伤害，对浙贝母产量造成一定影响，严重时甚至绝收。</td></tr>
<tr><td></td><td></td></tr>
</table>

续图

	灾前预防措施
洪涝	（1）时刻关注气候变化。及时掌握气象信息，积极与当地气象部门联系，及时掌握基地及周边地区未来气象信息，做好暴雨洪涝来临应急预案，有针对性地开展相关工作。 （2）做好排水措施，防止积水。暴雨发生前，必须安排专人排查基地沟系，及时补挖排水沟，最好超过30厘米，必须保证沟深度>腰沟深度>畦沟深度，加固沟渠堤坝，同时积极疏通种植基地周围涵洞，保证沟水顺畅。 （3）检修大棚，保证排水通畅。对于设施大棚种植的浙贝母，必须保证大棚结构坚固，薄膜铺设规范，需要在薄膜裙边处开沟，同时必须保证大棚之间的排水沟排水顺畅，防止积水倒灌。暴雨期间，基地必须安排专人值守，及时排查险情，发现险情务必第一时间上报并妥善处理。 （4）及时抢收。浙贝母一般在5月上旬开始采收，如果提前预知涝灾害来临，可以在适当情况下及时组织抢收，减少损失。
	灾后恢复措施
	（1）及时中耕松淤排水，降低田间地下水位。暴雨过后，一旦积水，必须尽快清除排水沟淤泥，保证排水顺畅，防止田间积水。尤其对于地势低洼排水不畅的地块，要安排动力排水，降低地下水位，减少积水时间，尽量减轻因积水和渍害引发的浙贝母生理性病害，尽快恢复根系生长，降低受害程度。 （2）中耕松土，加强病虫害防治。雨后排除田间积水后，及时进行田间中耕松土，防止土壤板结，影响根系生长，及时施用药剂防治病菌侵染，避免暴发病害，做好病虫害防治，在雨后及时清理田间和四周杂草、残枝烂叶和农业废弃物，可在田间四周和畦沟撒施石灰或草木灰进行消毒灭菌、灭虫。密切关注灰霉病、黑斑病（黑斑型灰霉）、干腐病、软腐病等浙贝母常见病害发生，及早做好预防措施。加强虫害防治，主要为蛴螬等地下害虫，适时开展应急防治和统防统治，减轻防治成本。 （3）做好科学施肥。暴雨引发的长期雨水浸泡，可能会导致浙贝母根系受损和田间土壤养分损失，及时根外追肥，使用磷酸二氢钾或相关叶面肥等进行叶面喷施，促进植株恢复生长。

	受灾症状	产生危害
冰雹	浙贝母往往在花期、鳞茎膨大期和采收阶段易遭受冰雹灾害影响，对植株叶面、茎秆、花等地上部分造成机械损伤，主要表现为叶面破损、植株茎秆倒伏等症状，导致浙贝母受伤或死亡。	冰雹对浙贝母的危害较大，浙贝母花期及鳞茎膨大期如遭受冰雹灾害，极易造成植株损伤甚至死亡，对生长和产量均造成严重影响。

	灾前预防措施
	（1）时刻关注气候变化。由于冰雹灾害具有突发性、短时性和局部性等特征，对冰雹灾害的预测相对较为困难。应积极与当地气象部门联系，及时掌握基地及周边地区未来气象信息，根据气象部门捕捉到的雷云位置、距离和厚度，做好冰雹来临的应急预案，开展针对性工作。 （2）做好防雹措施，检修大棚。在冰雹出现前，考虑对浙贝母植株采取覆膜遮盖等措施，减少受伤程度；若受灾时临近采收，可对已经成熟的浙贝母进行抢收，尽可能减少损失。对于设施大棚种植的浙贝母，必须保证大棚结构坚固，薄膜铺设规范，有效防止冰雹灾害发生。 （3）及时抢收。冰雹发生期主要集中在浙贝母鳞茎膨大期和采收阶段，如果提前预知冰雹来袭，可以在适当情况下及时抢收，减轻损失。
	灾后恢复措施
	（1）加强田间管理，补救受雹灾的浙贝母。对于遭受雹灾的浙贝母，应及时扶株培土、中耕松土，提高地温，或采取灌溉等措施加速冰雹尽快融化。如遭受冰雹伴随的暴雨灾害，应及时松淤排水，减少积水时间，减轻渍害和涝害对浙贝母根系引起的损伤，降低受害程度。 （2）开展科学施肥。受冰雹轻微碾砸伤的叶片，应及时追肥，使用磷酸二氢钾等，同时对叶面喷施叶面肥，撒施无烟草木灰等，有助于植株恢复生长。 （3）加强病虫害防治。叶面受损伤或植株倒伏的浙贝母，抵抗力会受到影响，易发生病虫害等，应时刻关注病害发生情况，及时采取防治措施，重点防治浙贝母灰霉病、黑斑病、干腐病、软腐病等病害。

（王松琳执笔，何伯伟审核）

（二）铁皮石斛

1.铁皮石斛生长月历及可能发生的气象灾害

铁皮石斛对生长环境和气候条件的要求较严苛，目前主要采用无性繁殖技术，经精心培养、后续组培转接得到瓶苗，整个过程需要10~12个月。组培苗出瓶前，需要经过14~21天的炼苗，瓶苗在合适的位置逐渐适应自然环境，出瓶前用自来水清洗掉琼脂，再用无菌水漂洗2~3次，消毒后置于通风的地方晾干，根发白后可移栽。

铁皮石斛种植时间一般为每年的春、秋季，春季优于秋季。浙江省铁皮石斛种植适宜期为每年4月中旬—6月下旬，此时气温在12~25℃，空气湿度较大，有利于提高出瓶苗移栽成活率；其次是9月中旬—10月下旬，此时移栽特别要做好抗寒防冻工作。铁皮石斛一般采用大棚栽培，3月底—4月初芽萌发，5—6月铁皮石斛进入花期，10月下旬茎条进入成熟期，新茎增粗叶片不再增加，秋后叶片自然脱落，进入低温休眠期。叶脱落后，叶鞘紧包茎，呈白色状，称之为"白条"。在不同的气候条件及水分管理条件下，落叶时间可以从10月至翌年2月初，9月后如遇干旱，浇水不及时，叶片就开始脱落，遮阴好的或光照较适合的，进入11月后叶片才开始脱落，至翌年2月初才落完。铁皮石斛种植周期较长，往往需要16~36个月，一般满2年方有部分采收，第三年之后才有旺收，仿野外种植周期比大棚种植稍长，一般在每年的11月至翌年3月间进行采收，目前铁皮石斛一般采用大棚栽培的方式，大棚种植方便遮阳遮光、保温保湿，很大程度上提高了铁皮石斛对高温、低温冻害以及冰雹等灾害的抵御能力。铁皮石斛遭受的不良灾害主要是台风和洪涝灾害。表4.14以铁皮石斛春季移栽生长月历及可能发生的灾害性天气为例进行说明。

2. 气象灾害对铁皮石斛生长的影响及对策

（1）台风。

①发生时间：台风发生一般集中在7—9月，其中8月为盛发期。台风伴随的高强度降雨往往是造成灾害的重要成因之一，持续降雨引发的水土流失、山地滑坡、洪水等灾害导致铁皮石斛种植基地长时间浸没、大棚坍塌变型、配套设施损毁、道路损坏等，铁皮石斛受长时间浸泡会发生枯黄死亡，无法挽救。

2019年超强台风"利奇马"登陆浙江，对乐清市铁皮石斛产业造成了毁灭性打击，全市共计8000多亩铁皮石斛（304户）受到不同程

表4.14　铁皮石斛生长月历及可能发生的灾害天气

月份		3月	4月	5月	6月	7月	8月	9月	10月	11月	12月	翌年1月	2月
生育期		栽种期	萌芽期	苗期和花期		生长期				成熟期		采收期	
敏感条件		温、水、肥	肥、水、肥	温、水、肥		温、水、肥				温、水		温、水	
灾害天气危害等级 可能发生的灾害性天气	台风				★	★★	★★★	★★★					
	洪涝			√	√	√	√	√					
	低温冻害									√	√	√	√
	干旱			√		√			√	√	√	√	√

度的损失，3000多亩铁皮石斛被洪水淹没，造成损失共计8.945亿元，直接经济损失达5.445亿元。

②危害症状：台风往往伴随高强度降雨，引发洪涝灾害、泥石流等灾害。铁皮石斛生长过程中怕积水，且对水的洁净度要求比较高，涝灾时的泥水会对铁皮石斛造成致命伤害，长时间浸泡导致铁皮石斛根系长时间缺氧，引发根系溃烂，无法供给运输营养物质进而造成植株死亡，造成严重损失（见图4.62、图4.63）。

图4.62　台风引发的铁皮石斛基地大棚垮塌和洪涝灾害

图4.63　铁皮石斛被暴雨淹没

此外，台风会吹垮大棚，损毁基地配套设施，对棚内铁皮石斛造成碾压，引发机械性损伤，这同样会影响铁皮石斛的产量，造成一定的经济损失。

③预防措施：一是时刻关注天气信息。关注台风气象预警，对可能遭受台风袭击、发生高强度降雨或洪涝灾害的时间或地点早做准备，及时采取防灾避灾措施。提前编制防台风预案，准备好工具材料、机械、照明通信等设备，方便及时抢修，最大限度地减轻灾害程度。二是清沟理渠，确保积水排放顺畅。提前深挖排水沟，降低田间地下水位。在铁皮石斛大棚的四周提前挖好排水沟，排水沟尽量深，最好在30厘米以上，以降低土壤中的地下水位。如果田块较大，还应在中间按照"井"字形挖排水沟，并与四周排水沟连通。三是提前采收抢收。已经成熟或接近成熟的铁皮石斛，可在适当情况下组织抢收，降低经济损失。四是加强基地管理。对基地大棚等生产设施进行检修加固，增强抵御台风的能力，减轻山洪、泥石流等地质灾害影响；必要的时候考虑揭膜保棚，栽培畦面可加盖遮阳网避雨，减少损失。

④恢复措施：一是及时清淤排水。及时清理排水沟渠内淤泥土石、枯枝杂物等堵塞物，疏通畦沟、围沟和腰沟，排除渍水，补挖排水沟，确保排水通畅，防止烂根。有条件的尽量用水泵等设备加快排水，减少石斛泡水时间，促进根系重新恢复代谢能力。二是做好遮阴覆盖工作。铁皮石斛为肉质茎干，喜阴，被暴雨浸泡及淹水时间久后根系易缺氧，植株非常脆弱，后在烈日下容易被灼伤。对于叶片上没有沾污黄泥水的铁皮石斛棚，应尽快将被掀飞的遮阳网重新盖起来遮阳降温（塑料薄膜不要盖），同时及时修复受损的大棚并重新安排覆盖，防止高温烫伤加快植株死亡，最大可能降低损失。建议遮阳网在里层，薄膜在外层，便于掀膜；建议后续安装大棚卷帘机，便于台风应急管理。三是及时扶苗洗苗。如果铁皮石斛苗受到黄泥雨水浸泡，叶片上沾有黄泥，则尽快用清洁水源冲洗黏附在铁皮石斛叶及茎干上的淤泥，防止排气孔堵塞死亡。受灾严重的铁皮石斛，可以在清洗之后进行适当修剪，促进枝条再生。四是更换基质，适当追肥。及时更换因水淹而受污染的基质，防治次生病虫害的发生。清洗及修剪后，根据生长情况，在水退3~5天后适当追施1次复合肥，促进根系再生。五是清园消毒，做好病虫害防治。重点抓好园区消毒与防范石斛炭疽

病、蜗牛、蛴螬、蚧壳虫等病虫害防治，可采用75% 苯醚·咪鲜胺可湿性粉剂或12% 四聚乙醛颗粒剂等杀菌消毒药水防控疫病和虫害。石斛基地受淹的，还需使用生根营养液增强植株根系活力。六是谨防触电与次生灾害。机械设备、园区电力设施、组培育苗车间仪器设备、保鲜冷藏设备被水淹过的，必须请专业人员维修，以免发生触电危险或烧坏设备。山边基地管理时要注意谨防泥石流等次生灾害，整修大棚时须佩戴安全帽等防护措施。

（2）低温冻害。

①发生时间：铁皮石斛低温冻害一般发生在1—2月和11—12月，此时正值铁皮石斛成熟和采收期。低温冻害会对铁皮石斛茎和根系造成伤害，对铁皮石斛生长和产量造成影响。

②危害症状：铁皮石斛在栽培过程中遭受低温冻害，叶片或叶缘会产生水渍状斑，颜色变浅色或深黑色，严重时整株叶片枯死，解冻后叶片变软下垂，出现萎蔫，抵抗力减弱，易受到灰霉病、枝状枝孢和黑霉病等病害感染，对铁皮石斛生产造成严重影响（见图4.64）。

③预防措施：一是关注天气信息。提前制订低温冻害或寒潮来临防范预案，预备抗灾救灾的农用物资，如排水机械设备、化肥和农膜、大棚支撑材料和稻草等保暖材料，方便及时抢修。二是做好保温增温工作。大棚设施栽培的铁皮石斛要控制好基质含水量，严密封闭棚膜，防止冷空气进入棚内，大棚内可采用多层覆盖保温。白天气温

图4.64　铁皮石斛受冻害影响

超过大棚内温度时，及时做好通风换气工作。三是疏通沟渠，保障排水顺畅。低温冻害来临时，可能伴随寒潮、大雪、暴雪等不良天气，应提前开好田间排水沟，确保化雪后的排水防渍。四是检修大棚，对大棚骨架进行加固。对铁皮石斛大棚进行检修，及时修补大棚薄膜，严密封闭棚膜，防止冷空气进入棚内。大棚要增加1层边膜。一般采用"大棚＋中棚＋小棚"或"大棚＋中棚＋中棚"的形式。进行大棚多层覆盖保温。小棚上要增盖草帘或遮阳网、无纺布等保温物。大雪、暴雪来临前，对大棚骨架进行加固，沿大(中)棚棚架纵向中轴线，每隔2~3米要用1根毛竹等支撑物对棚顶进行支撑加固，提高大棚棚架的抗压性，防止大雪压倒大棚。棚架上有外遮阴设备的，要收起收紧外遮阴上的遮阳网，防止雪压毁坏。

④恢复措施：一是疏通沟渠，清沟排水。受低温冻害引发的大雪、暴雪或大雨等不良灾害，受冻后的铁皮石斛长势较弱，要抢晴天及时清理田内三沟，确保排水畅通，清除积雪，提高铁皮石斛根系活力，促进植株恢复生机，避免引起低温冷害萎根以及加重渍害和冻害。白天气温超过大棚内温度时，立即做好通风换气工作。二是开展科学施肥。对于受冻伤的铁皮石斛，应及时喷施植物防冻液、0.2%磷酸二氢钾和叶面肥，撒施草木灰等，这样有助于铁皮石斛回复，提高抗寒能力。三是做好病虫害防治工作。受冻伤的铁皮石斛往往抵抗力较弱，往往容易加重病虫害的发生，故要经常检查，及时喷药做好病虫害预防工作。冻害发生后，特别要注意及时喷药防治病虫害，以利减轻冻害的影响，减轻病虫害的损失。

3.铁皮石斛灾害性天气应对措施明白图

铁皮石斛生产与灾害天气月历表											
月份	3月	4月	5月	6月	7月	8月	9月	10月	11月	12月	翌年1月	2月
生产周期	栽种期	萌芽期	苗期和花期		生长期			成熟期	采收期			
灾害性天气	—	—	洪涝、干旱	洪涝、干旱	台风、洪涝、干旱	台风、洪涝	台风、洪涝、干旱	干旱	低温冻害	低温冻害	低温冻害	低温冻害
	受灾症状						产生危害					
台风	台风往往伴随高强度降雨，引发洪涝灾害、泥石流等灾害。铁皮石斛生长过程中怕积水，且对水的洁净度要求比较高，涝灾时的泥水对铁皮石斛造成致命伤害，长时间浸泡导致铁皮石斛根系长时间缺氧，引发根系溃烂，无法供给运输营养物质进而造成植株死亡，造成严重损失。						台风伴随的高强度降雨往往是造成灾害的重要成因之一，持续降雨引发的水土流失、山地滑坡、洪水等灾害，导致铁皮石斛种植基地长时间浸没、大棚坍塌变形、配套设施损毁、道路损坏等严重损害，铁皮石斛受长时间浸泡会发生枯黄死亡，无法挽救。					

续图

台风

灾前预防措施

（1）时刻关注天气信息。关注台风气象预警，对可能遭受台风袭击、发生高强度降雨或洪涝灾害的时间或地点早做准备，及时采取防灾避灾措施。提前编制防台风预案，准备好工具材料、机械、照明通信等设备，方便及时抢修，最大限度地减轻灾害程度。

（2）清沟理渠，确保积水排放顺畅。提前深挖排水沟，降低田间地下水位。在铁皮石斛大棚的四周提前挖好排水沟，排水沟尽量深，最好在30厘米以上，以降低土壤中的地下水位。如果田块较大，还应在中间按照"井"字形挖排水沟，并与四周排水沟连通。

（3）提前抢收抢收。已经成熟或接近成熟的铁皮石斛，在适当情况下组织抢收，降低经济损失。

（4）加强基地管理。对基地大棚等生产设施进行检修加固，增强抵御台风的能力，减轻山洪、泥石流等地质灾害影响；必要的时候考虑揭膜保棚，栽培畦面可加盖遮阳网避雨，减少损失。

灾后恢复措施

（1）及时清淤排水。及时清理排水沟渠内淤泥土石、枯枝杂物等堵塞物，疏通畦沟、围沟和腰沟，排除渍水，补挖排水沟，确保排水通畅，防止烂根。有条件的尽量用水泵等设备加快排水，减少石斛泡水时间，促进根系重新恢复营养谢能力。

（2）做好遮阴覆盖工作。铁皮石斛为肉质茎干，喜阴，被暴雨浸泡及淹水时间久后根系易缺氧，植株非常脆弱，后在烈日下容易被灼伤。对于叶片上没有沾污黄泥水的铁皮石斛棚，应尽快将被掀飞的遮阳网重新盖起来遮阳降温（塑料薄膜不要盖），同时及时修复受损的大棚并重新安排覆盖，防止高温烫伤加快植株枯死，最大可能降低损失。建议遮阳网在里层，薄膜在外层，便于揭膜；建议后续安装大棚卷帘机，便于台风应急管理。

（3）及时扶苗洗泥。如果铁皮石斛水浸泡，叶片上沾有黄泥，则请尽快用清洁水源冲洗黏附在铁皮石斛叶及茎干上的淤泥，防止排气孔堵塞死亡。受灾严重的铁皮石斛，可以在清洗之后进行适当修剪，促进枝条再生。

（4）更换基质，适当追肥。及时更换如水淹而受污染的基质，防治次生病虫害的发生。清洗及修剪后，根据生长情况，在水退3～5天后适当追施1次复合肥，促进根系再生。

（5）清园消毒，做好病虫害防治。各基地务必高度重视灾后清园消毒与防疫，重点抓实园区消毒与防范石斛炭疽病、蜗牛、蟑螂、蚧壳虫等病虫害防治。可采用波尔多液或者霜霉威水剂等杀菌消毒药水防控疫病发生。石斛基地受淹的，还需使用生根营养液增强植株根系活力。

（6）谨防触电与次生灾害。机械设备、园区电力设施、组培育苗车间仪器设备、保鲜冷藏设备被水淹过的，必须请专业人员维修，以免发生触电危险或烧坏设备。山边基地管理时要注意谨防泥石流等次生灾害，整修大棚时须佩戴安全帽等防护措施。

低温冻害

受灾症状	产生危害
在铁皮石斛栽培过程中，遭受低温冻害，叶片或叶缘产生水渍状斑，变浅色或深黑色，严重时整株叶片片枯死，解冻后叶片变软下垂，出现萎蔫，抵抗力减弱，易受到灰霉病、枝状枝孢和黑霉病等病害感染，对铁皮石斛生产造成严重影响。	铁皮石斛低温冻害一般发生在1～2月和11～12月，此时正值铁皮石斛成熟和采收期。低温冻害会对铁皮石斛茎和根系造成伤害，对铁皮石斛生长和产量造成影响。

灾前预防措施

（1）时刻关注天气信息。提前编制低温冻害或寒潮来临预案，预备抗灾救灾的农用物资，如排水机械设备、农药、化肥和农膜、大棚支撑材料和稻草等保暖材料，方便及时抢修。

（2）做好保温增温工作。大棚设施栽培的铁皮石斛要控制好基质含水量，严密封闭棚膜，防止冷空气进入棚内，大棚内可采用多层覆盖保温。白天气温超过大棚内温度时，及时做好通风换气工作。

（3）疏通沟渠，保障排水顺利。低温冻害来临时，可能伴随寒潮、大雪、暴雪等不良天气，应提前开好田间排水沟，确保化雪后的排水防渍。

（4）检修大棚，对大棚骨架加固加固。对铁皮石斛大棚进行检修，及时修补大棚薄膜，严密封闭棚膜，防止冷空气进入棚内。大棚要增加1层边膜。一般采用"大棚＋中棚＋小棚"或"大棚＋中棚"的形式。进行大棚多层覆盖保温。小棚上要增盖草帘或遮阳网、无纺布等保温物。大雪、暴雪来临前，对大棚骨架进行加固，沿大（中）棚棚架纵向中轴线，每隔2～3米要用1根毛竹等支撑物对棚顶进行支撑加固，提高大棚棚架的抗压性，防止大雪压倒大棚。棚架上有外遮阴设备的，要收起收紧遮阴上的遮阳网，防止雪压压毁坏。

续图

	灾后恢复措施
低温冻害	（1）疏通沟渠，清沟排水。受低温冻害引发的大雪、暴雪或大雨等不良灾害，受冻后的铁皮石斛长势较弱，要抢晴天及时清理田内三沟，确保排水畅通，清除积雪，提高铁皮石斛根系活力，促进植株恢复生机，避免引起低温冷害萎根以及加重渍害和冻害。白天气温超过大棚内温度时，立即做好通风换气工作。 （2）开展科学施肥。对于受冻伤的铁皮石斛，应及时喷施植物防冻液、0.2%的磷酸二氢钾和叶面肥，撒施草木灰等，有助于铁皮石斛恢复，提高抗寒能力。 （3）做好病虫害防治工作。受冻伤的铁皮石斛往往抵抗力较弱，往往容易加重病虫害的发生，要经常检查，及时喷药做好病虫害预防工作。冻害发生后，特别注意及时喷药防治病虫害，以利减轻冻害的影响，减轻病虫害的损失。

（王松琳执笔，何伯伟审核）

复习思考题

1. 浙贝母受低温冻害影响有哪些恢复措施？
2. 浙贝母受冰雹影响有哪些危害症状？
3. 铁皮石斛受低温冻害影响有哪些预防措施？

七、花卉类

（一）非洲菊

1. 非洲菊生长月历及可能发生的气象灾害

非洲菊是浙江种植面积最大的切花品种，在浙北等主产区一般采用普通塑料钢管大棚栽培，冬季大棚内套中棚双层薄膜保温。非洲菊种苗以组培苗为主，组培苗出瓶炼苗和假植的适宜时间为9月中旬—翌年4月中旬，切花栽培可周年定植，但应避开高温季节，一般以3—6月定植为宜。浙北地区定植期主要集中在4月中下旬—5月中旬，这样可在10月达到第1个开花高峰。

非洲菊为多年生草本花卉，春季和秋季是采花高峰期，夏季受高温影响，花芽分化和花蕾发育受抑制，采花量较少。浙北地区因受冬季低温阴雨影响，花蕾发育缓慢，切花产量明显减少；浙南地区冬季温光条件相对较好，冬季切花产量和品质明显提高。非洲菊在良好的设施栽培条件下，可连续产花3~4年，但随着株龄的增加，第3年开始植株的分蘖能力减弱，长势变弱，切花产量和品质明显下降，需要进行新一轮更换种植。表4.15以浙北地区春季定植的非洲菊为例进行说明。

表4.15 非洲菊生长月历及可能发生的灾害性天气

月份		4月			5月			6月			7月			8月			9月			10月			11月			12月			翌年1月			翌年2月			翌年3月		
		上旬	中旬	下旬	上旬	中旬	下旬	上旬	中旬	下旬	上旬	中旬	下旬	上旬	中旬	下旬	上旬	中旬	下旬	上旬	中旬	下旬	上旬	中旬	下旬	上旬	中旬	下旬	上旬	中旬	下旬	上旬	中旬	下旬	上旬	中旬	下旬
生育期 第一年		定植						苗期												花期（至第二、三年）																	
敏感条件					水、肥						温、水、肥						水、肥			温、水、肥						温、光、水、肥						温、水、肥					
灾害天气危害等级								★★			★			★★			★						★★			★★★			★★★			★★			★		
可能发生的灾害性天气	台风										✓			✓			✓																				
	洪涝							✓			✓																										
	高温										✓			✓																							
	干旱										✓			✓																							
	低温冻害																						✓			✓			✓			✓			✓		

2.气象灾害对非洲菊生长的影响及对策

（1）低温冻害。

①发生时间：非洲菊在设施栽培条件下可周年开花，受到的低温冻害一般发生在 11 月至翌年 3 月，浙北地区从 11 月初开始，气温急剧下降。大棚内最低气温降到 12℃时，应及时采用双层保温，长期低温会使植株长势放缓，植株容易进入半休眠的状态，表现为新叶停滞生长、花芽停止分化、花蕾发育缓慢，严重影响切花产量；若气温低于 0℃，则植株易受冻害。低温冻害通常发生在 12 月下旬至翌年 2 月下旬，此时正是非洲菊冬季市场需求旺盛、销售价位最高时段，对当年的收益造成了很大影响。

②危害症状：非洲菊开花期一般以昼温 22~28℃、夜温 15~16℃为宜，日平均温度低于 8℃时，非洲菊花蕾的发育停止。非洲菊可忍受短期的 0℃低温，在 1~2℃时可不受冻害，若气温低于 0℃，则植株易发生冻害。非洲菊受冻后叶片下垂黄化，持续低温冷害有时会出现叶枯，表现为叶片边缘枯死，高湿环境下易诱发菌核病和灰霉病，使叶片会出现不同程度的腐烂（见图 4.65）。低温冻害易导致非洲菊产花量减少，花色变淡，畸形花、落花情况增多。

图4.65　非洲菊花期冻害

③预防措施：一是加强大棚防冻保温工作。在低温来临前，对大棚设施进行全面检查，尤其是构架和薄膜，发现破损或不牢固情况应及时更换或进行加固。目前非洲菊种植大部分采用简易钢管大棚，故需加盖内保温膜抵御极端冰冻低温天气的影响，可在大棚内保温膜内加1层60克的无纺布。如最低气温低于−6℃，可采用内棚内套小拱棚加盖第3层尼龙薄膜，以增强保温性能。低温来临时，夜间要注意值守，封严实大棚的薄膜，增强压膜带固定，防止强风吹破薄膜，导致棚内温度骤变产生冻害。二是加强栽培管理。浇水时间应选择晴好天气且日最低气温回升至5℃时，严格掌握浇水量，做到适当补水即可；在低温寒潮来临时，应停止浇水。白天应适当增强通风管理，防止大棚内空气相对湿度偏高导致灰霉病发生，阴雨天棚内最高温度控制在10~15℃，晴天棚内最高温度可控制在25~28℃，合理调控设施内温湿度。及时摘除病老叶、疏花蕾，改善植株光照与通风条件。做好病虫害防治，重点防止蚜虫、潜叶蝇、飞虱为害，控制白粉病、灰霉病等，提前做好预防工作。适当施肥，可配合叶面施肥，一般用一些微量元素肥料或磷酸二氢钾，增强植株抗性。

④恢复措施：一是加强田间管理。做好大棚水、温湿度管理。若遭遇连续降雪，需加强积雪清除和清沟排水工作。含水量较高的大棚更应注意控制浇水。当白天气温回升至1℃以上，大棚内温度超过8℃时，做好通风换气工作：一般11时通风，通风口大小要根据棚内气温而定，掌握以冷空气不倒灌入棚内为标准；一般14时关闭大棚，可适当缩短通风时间，但切不可长时间闷棚。二是及时清理受冻植株。对有冻伤的植株叶片应及时清理，并喷施高效低毒的药剂防治灰霉病。适当喷施氮磷钾叶面肥，如磷酸二氢钾、尿素等。

（2）梅涝。

①发生时间：一般每年6月中旬—7月上旬处于梅雨季节，正值当年定植非洲菊的苗期和多年生非洲菊的花期。如遇梅涝，刚定植的非洲菊会受灾，对花期的非洲菊切花产量也有一定影响。

②危害症状：非洲菊全株被毛，特别是幼叶和小花蕾上密布绒毛，小苗植株直接淋雨沾上泥土后，泥浆覆盖叶片表面，水分不易

蒸发，导致花蕾及心叶霉烂；排水不畅时，会出现积涝烂根（见图4.66）。

图4.66 梅涝过后的非洲菊

③恢复措施：一是在梅雨期应覆盖薄膜，当年新栽的非洲菊可等梅雨季过后揭膜换盖遮阳网，防止梅雨期非洲菊长期直接淋雨对植株叶片和根系损伤，8月下旬后应及时去除遮阳网，加强光照，促进花蕾发育，尽快形成秋季产花高峰。二是及时清沟排水，防止棚内积水。大雨过后要及时疏通沟渠，确保田间排水通畅，防止大棚内积水；地势低洼的地块有浸水现象，应及时抽水，减少受淹时间、降低地下水位，防止涝渍为害，影响植株生长。三是加强田间管理。雨后及时清除病株、病叶，减少病源，加强老叶的清理工作，增加通风透光性，降低空气湿度，及时清沟培土，追施叶面肥，促进植株恢复生长。四是做好病虫防治。高温高湿环境易诱发各种病虫害，如褐斑病、菌核病、灰霉病、白粉病、根腐病、茶黄螨等。一旦发生病虫害，要合理选用高效低毒农药及时防治。

（3）高温。

①发生时间：高温一般在7—8月，正值当年定植非洲菊的苗期和多年生非洲菊的花期，当气温高于35℃时，非洲菊生长停顿。

②危害症状：高温往往伴随着干旱，使非洲菊许多生理机制发生异常，光合作用受抑制，叶片上出现坏死斑，叶绿素受破坏。气温过高还可引起气孔失调，植物体内水分大量散失，叶色变黄、变褐，甚至导致植株枯死（见图4.67）。高温使非洲菊叶片生长停滞，花量减少、茎秆细长、花头较小、瓶插期缩短。

图4.67　高温干旱影响的非洲菊

③管理措施：一是做好生产大棚设施的日常通风、棚膜加固，清沟排水、除草、肥水管理和病虫害防治等工作。二是二年生植株栽培的夏季大棚不必覆盖遮阳网，否则会因光照不足引起植株徒长，使花蕾退化，降低切花产量。三是当年定植的小苗，夏季可适当追肥，以氮、磷、钾复合肥(15-15-15)为主，每亩10~20千克；二年生以上植株，夏季停止施肥。四是二年生植株应及时摘除老叶、病叶和过密叶，改善通风透光条件，调整植株长势，减少病虫害发生。当年定植的植株已经开始形成花蕾，对未达到5个以上较大功能叶片的植株，要及时摘除花蕾，促进形成较大营养体，以利于提高切花品质。

（4）台风。

①发生时间：台风一般发生在7—9月，正值当年定植非洲菊的苗期和多年生非洲菊的初花期，对设施和切花产量有一定影响。受台风直接影响，非洲菊叶片受损伤，发病率增加超过30%，部分低洼地带若受涝时间超过10小时，植株死亡率可超过80%。

②危害症状：台风可使大棚骨架变形、顶棚或棚膜被掀，甚至整个设施被毁。保护设施被破坏后，非洲菊会出现倒伏、叶片机械损伤

等现象。雨涝造成的积水使土壤水分长期处于饱和状态，非洲菊根系吸收养分能力下降，而地上部分仍不断消耗养分，植株会因营养供应不足生长缓慢，严重的会导致叶片黄化脱落，甚至对根系产生毒害，花梗弯曲、花蕾及心叶霉烂，产花量减少、品质下降（见图4.68）。

图4.68　台风受灾后的非洲菊

③管理措施：一是加固栽培设施。一年苗必要时可揭膜保棚，大棚加盖遮阳网避雨，防止暴雨对幼苗损伤。非洲菊苗期和生长期比较喜欢潮湿的土壤，整个生长期以土表湿润为原则，土壤湿度以田间持水量的60%~70%为宜。二是及时清沟排水。非洲菊栽培切忌积水，地下水位不得高于70厘米，台风过后要及时疏通沟渠，确保田间或大棚积水排放通畅，尽量减少受淹时间，要及时降低地下水位，防止涝渍为害。三是加强田间管理。雨后及时清除病株、病叶，减少病源，促进通风透光，降低湿度，并及时清沟培土，追施叶面肥，促进植株恢复生长。四是改种补种。对受灾严重或长时间受淹的非洲菊，雨后及时清理坏死植株，可用棉隆对土壤进行消毒处理，适时补种或改种其他农作物。五是病虫防治。台风过后的高温、高湿环境易诱发各种病虫害，其中应注意非洲菊白绢病和根腐病、茶黄螨等病虫的危害。一旦发生病虫害，要合理选用高效低毒农药及时对大棚及周边土壤进行1次全面防治。

3. 非洲菊灾害性天气应对措施明白图

<table>
<tr><td colspan="13" align="center">非洲菊生产与灾害天气月历表</td></tr>
<tr><td>月份</td><td>4月</td><td>5月</td><td>6月</td><td>7月</td><td>8月</td><td>9月</td><td>10月</td><td>11月</td><td>12月</td><td>翌年1月</td><td>翌年2月</td><td>翌年3月</td></tr>
<tr><td>生产周期</td><td colspan="2">定植</td><td colspan="3">苗期</td><td colspan="7">花期（至第二、三年）</td></tr>
<tr><td>灾害性
天气</td><td></td><td>梅涝</td><td colspan="3">台风、洪涝、高温干旱</td><td>台风</td><td></td><td></td><td colspan="4">低温、冻害</td></tr>
</table>

<table>
<tr><td rowspan="7">低温</td><td colspan="2" align="center">受灾症状</td><td colspan="2" align="center">产生危害</td></tr>
<tr><td colspan="2">长期低温使植株长势放缓，植株容易进入半休眠的状态，表现新叶停滞生长、花芽停止分化和花蕾发育缓慢；若低于0℃则植株易受冻害，非洲菊受冻后叶片下垂黄化，持续低温冷害有时会出现叶枯，表现为叶片边缘枯死，高湿环境下易诱发菌核病和灰霉病，使叶片会出现不同程度的腐烂。</td><td colspan="2">低温冻害易导致非洲菊产花量减少，花色变淡、畸形花、落花情况增多。低温冻害通常发生在12月下旬至翌年2月下旬，此时正是非洲菊冬季市场需求旺盛、销售价位最高时段，对当年的收益造成很大影响。</td></tr>
<tr><td colspan="4"></td></tr>
<tr><td colspan="4" align="center">灾前预防措施</td></tr>
<tr><td colspan="4">（1）加强大棚防冻保温工作。在低温来临前，对大棚设施进行全面检查，尤其是构架和薄膜，发现破损或不牢固情况，应及时更换或进行加固。目前非洲菊种植大部分采用简易钢管大棚，故需加盖内保温膜抵御极端冰冻低温天气的影响，可在大棚内保温膜内加1层60克的无纺布。当最低气温低于-6℃，可采用内棚加盖第3层尼龙薄膜，以增强保温性能。低温来临时，夜间要注意值守，封严实大棚的薄膜，增强压膜带固定，防止大风吹破薄膜，导致棚内温度骤变产生冻害。
（2）加强栽培管理。一是控制好土壤的水分。浇水时间应选择晴好天气且日最低气温回升到5℃时，严格掌握浇水量，做到适当补水即可。在低温寒潮来临时，应停止浇水。二是加强棚内通风和温湿度管理。白天应适当增强通风管理，防止大棚内空气相对湿度偏高导致灰霉病发生，阴雨天棚内最高温度控制在10～15℃，晴天棚内最高温度可控制在25～28℃，合理调控设施内温湿度。三是及时摘除病老叶、疏花等，改善植株光照与通风条件。四是做好病虫害防治，重点防止蚜虫、潜叶蝇、飞虱为害等，控制白粉病、灰霉病等，提前做好预防工作。五是适当施肥，可配合叶面施肥，一般用一些微量元素肥料或磷酸二氢钾，增强植株抗性。</td></tr>
<tr><td colspan="4" align="center">灾后恢复措施</td></tr>
<tr><td colspan="4">（1）加强田间管理。做好大棚水、湿度管理。若遭遇连续降雪，需加强积雪清除和清沟排水工作。含水量较高的大棚更应注意控制浇水。当白天气温回升到1℃以上，大棚内温度超过8℃时，做好通风换气工作：一般11时通风，通风口大小要根据棚内气温而定，掌握以冷空气不倒灌入棚内为标准；一般14时关闭大棚，适当缩短通风时间，但切不可长时间闷棚。
（2）及时清理受冻植株。对有冻伤的植株叶片应及时清理，并喷施代森锰锌、多菌灵和速克灵等药剂防治灰霉病。适当喷施氮磷钾叶面肥，如磷酸二氢钾、尿素等。</td></tr>
</table>

<table>
<tr><td rowspan="3">梅涝</td><td align="center">受灾症状</td><td align="center">产生危害</td></tr>
<tr><td>非洲菊全株被毛，特别是在幼叶和小花蕾上更密布绒毛，小苗植株直接淋雨沾上泥土后，泥浆覆盖叶片表面，水分不易蒸发，导致花蕾及心叶霉烂；排水不畅时，会出现积涝烂根。</td><td>低洼地、排水不畅的区域容易造成内涝，根系被淹，很容易滋生病菌，引起烂叶片、黑腐、烂根等现象，最终影响植株正常生长，影响产量与收益。</td></tr>
<tr><td colspan="2"></td></tr>
</table>

续图

梅涝	灾前预防措施
	（1）注意避雨防涝。深挖沟，及时做好排水，在梅雨期应覆盖薄膜。 （2）少浇或不浇水。梅雨天气本身空气湿度比较大，水分蒸发也比较慢，植株对水分的需求也较少，植株根系对水分的吸收能力有所下降，因此尽量少浇或不浇水。 （3）适当通风，加强棚内空气的流通性。 （4）减少施肥。梅涝天气植株对肥液的吸收能力较弱，植物的根系无法完全吸收掉肥液，积水闭气易造成肥害，使根系受到损伤，出现烧根现象，雨水冲刷也易造成养分的流失。 （5）提前做好病虫害防治。
	灾后恢复措施
	（1）当年新栽的非洲菊可等梅雨季过后揭膜换盖遮阳网，防止梅雨期长期直接淋雨对植株叶片和根系损伤，8月下旬后应及时去除遮阳网，加强见光照，促进花蕾发育，尽快形成秋季产花高峰。 （2）及时清沟排水，防止棚内积水。大雨过后要及时疏通沟渠，确保田间排水通畅，防止大棚内积水；地势低洼的地块有浸水现象，应及时抽水，减少受淹时间、降低地下水位，防止涝渍为害，影响植株生长。 （3）加强田间管理。雨后及时清除病株、病叶，减少病源，加强老叶的清理工作，增加通风透光性，降低空气湿度，及时清沟培土，追施叶面肥，促进植株恢复生长。 （4）做好病虫害防治。高温高湿环境易诱发各种病虫害，如褐斑病、菌核病、灰霉病、白粉病、根腐病、茶黄螨等。一旦发生病虫害，要合理选用高效低毒农药及时防治。

高温干旱	受灾症状	产生危害
	高温胁迫往往伴随着干旱，许多生理机制发生异常，光合作用受抑制，叶片上出现环死斑，叶绿素受破坏，气温过高可引起气孔失调，植物体内水分大量散失，叶色变黄、变褐，甚至导致植株枯死。	非洲菊叶片生长停顿，花量减少、茎秆细长、花头较小、瓶插期缩短。
	灾前预防措施	
	（1）做好生产大棚设施的日常通风、棚膜加固，清沟排水、除草和肥水管理等工作。 （2）及时浇灌、滴灌供水。 （3）加强非洲菊病虫害防治，及时清理非洲菊基部老叶、病叶等。 （4）2年生植株栽培的夏季大棚不必覆盖遮阳网，否则会因光照不足引起植株徒长，使花蕾退化，降低切花产量。	
	灾后恢复措施	
	（1）当年定植的小苗，夏季可适当追肥，以氮、磷、钾复合肥（15-15-15）为主，用量每亩10~20千克；二年生以上植株，夏季停止施肥。 （2）二年生植株应及时摘除老叶、病叶和过密叶，改善通风透光条件，调整植株长势，减少病虫害发生。当年定植的植株已经开始形成花蕾，对未达到5个以上大功能叶片的植株，要及时摘除花蕾，促进形成较大营养体，以利于提高切花品质。	

台风	受灾症状	产生危害
	保护设施被台风破坏后会出现倒伏、叶片机械损伤等现象，雨涝造成的积水会使得水分长期处于饱和状态，根系吸收养分能力下降，而地上部分仍不断消耗养分，植株因营养供应不足生长缓慢，严重的会导致叶片黄化脱落以及对根系产生毒害，非洲菊花梗弯曲、花蕾及心叶霉烂。	台风可使大棚骨架变形、顶棚或棚膜被掀，甚至整个设施被毁。非洲菊产花量减少、品质下降。

续图

	灾前预防措施
台风	（1）加固重点设施，保证棚膜、设施及农作物的安全。 （2）疏通沟渠。 （3）一年苗必要时可揭膜保苗，大棚加盖遮阳网避雨，防止暴雨对幼苗损伤。非洲菊苗期和生长期比较喜欢潮湿的土壤，整个生长期以土表滋润为原则，土壤湿度以田间持水量的60%~70%为宜。
	灾后恢复措施
	（1）抓紧修复受损设施。 （2）及时清沟排水。非洲菊栽培切忌积水，地下水位不得高于70cm，台风过后要及时疏通沟渠，确保田间或大棚积水排放通畅，尽量减少淹渍时间，要及时降低地下水位，防止涝渍为害。 （3）加强田间管理。雨后及时清除病株、病叶，减少病源，促进通风透光，降低湿度，并及时清沟培土，追施叶面肥，促进植株恢复生长。 （4）改种补种。对受灾严重或长时间受淹的非洲菊，雨后及时清理坏死植株，可用棉隆对土壤进行消毒处理，适时补种或改种其他农作物。 （5）病虫防治。台风过后高温高湿环境易诱发各种病虫害，其中注意非洲菊白绢病和根腐病、茶黄螨等病虫的危害。一旦发生病虫害，要合理选用高效低毒农药及时对大棚及周边土壤进行1次全面防治。

（徐丹彬执笔）

（二）切花百合

1. 切花百合生长月历及可能发生的气象灾害

切花百合设施栽培技术模式于2001年起步，由于能有效调节供花期，经济效益明显，采用简易大棚和连栋塑料大棚设施栽培下的百合可周年种植。1—3月种植不需要加温和降温设施，为百合植株自然生长期，采花时间在5—6月；国庆至春节为切花百合销售旺季，故7—10月下种的量比较大，11月下旬以后生产上需要保温、加温设施。适宜切花百合设施栽培的主要品种有"西伯利亚""索邦""粉冠军""黄天霸""木门""重瓣惊喜"等，平均生育期在100~116天（不含种球预处理时间），在冬季设施栽培表现良好，适应基质和土壤栽培。表4.16以9月中下旬—10月中旬定植的设施基质栽培切花百合为例进行说明。

2. 气象灾害对切花百合生长的影响及对策

（1）低温冷害和冻害。

①发生时间：切花百合受到的低温冻害一般发生在11月—翌年3月，可发生在百合的生长期、花梗止长期和开花期。百合大棚内气温宜保持在10~25℃。气温低于10℃时，应覆盖2层薄膜保温；气温低于8℃时，可利用加温设备提高大棚内的气温至10~15℃。百合在低温环境中会延长生育期，推迟开花。遇低于8℃的低温而不加温（如大棚内日最低气温5℃以下），会引起百合冷害，虽然冷害较轻时仍能开花，但花会变畸形，花苞僵化，花瓣不能正常展开，花朵变

表4.16　切花百合生长月历及可能发生的灾害性天气

月份	6月上旬	6月中旬	6月下旬	7月上旬	7月中旬	7月下旬	8月上旬	8月中旬	8月下旬	9月上旬	9月中旬	9月下旬	10月上旬	10月中旬	10月下旬	11月上旬	11月中旬	11月下旬	12月上旬	12月中旬	12月下旬	翌年1月上旬	翌年1月中旬	翌年1月下旬	2月上旬	2月中旬	2月下旬	3月上旬	3月中旬	3月下旬
生育期	基质消毒						定植前准备		种球解冻与预生根		定植与苗期					生长期					现蕾至花梗停止生长期					花苞增大至开花期				
敏感条件									温										温、光、水、肥											
灾害天气危害等级 低温冷害																			★★★			★★★			★★			★		
可能发生的灾害性天气 和冻害																			∨			∨			∨			∨		

小，植株叶片黄化。日最低温度低于 0℃时会发生冻害，受冻害后叶片和花品质受到影响，轻度受冻时花朵能开放，但花瓣边缘有受冻枯死现象，严重时植株直接冻死。

②危害症状：百合生长期适宜温度为 10~25℃。低温会导致百合花期延迟；连续超过 5 天日最低气温低于 5℃的降温，会使百合根系活力受到影响，出现根系损伤或坏死，叶片光合作用受抑制，出现黄叶烂叶；冻害严重时会出现大面积的畸形花苞和畸形叶，地下鳞茎也容易冻死（见图 4.69）。

图4.69　百合苗期冻害

③预防措施：一是加强大棚防冻保温、加温工作。对大棚设施进行全面检查，尤其是构架和薄膜，发现破损和不牢固情况，应及时更换和加固处理。需加盖内保温膜抵御极端冰冻低温天气的影响，可在大棚内保温膜内加 1 层 60 克的无纺布。尤其是低温来临时，夜间要注意值守，封严实大棚的薄膜，增强压膜带固定，防止因强风吹破薄膜，导致棚内温度骤变产生冻害。同时需加强加温工作，检修加温设备，防止因设备行运异常导致棚内温度骤变产生冻害。二是加强栽培管理。冬天温度低、水分蒸发量小，一般冬季百合的栽培基质含水量可控制在 40% 以内，浇水时间应选择在晴好天气，且日最低气温回升至 5℃时，应严格掌握浇水量，做到适当补水即可；在寒潮来临时，应停止浇水。白天适当增强通风，防止大棚内空气相对湿度偏高，阴雨天棚内最高温度控制在 10~15℃，晴天棚内最高温度可控制在 25~28℃，合理调控设施内温湿度，防止叶烧病、灰霉病发生。及时

摘除病老叶、疏花蕾，改善植株光照与通风条件。做好病虫害防治，重点防止蚜虫、红蜘蛛等害虫为害，控制灰霉病、疫病等，提前做好预防工作。适当施肥，一般用一些微量元素肥料或磷酸二氢钾，增强植株抗害性。

④恢复措施：一是做好大棚水、温湿度管理。若遭遇连续降雪，则需加强积雪清除和清沟排水工作。含水量较高的大棚更应注意控制浇水。当白天气温回升至1℃以上、大棚内温度超过8℃时，做好通风换气工作：一般11时通风，通风口要根据棚内气温而定，掌握以冷空气不倒灌入棚内为标准；一般14时关闭大棚，适当缩短通风时间，但切不可长时间闷棚。二是及时清理受冻植株等。拔除死亡病株，清理受冻植株枝叶，并喷施代森锰锌、多菌灵和速克灵等药剂防治灰霉病。适当喷施氮磷钾叶面肥，如磷酸二氢钾、尿素等。

（2）台风。

①发生时间：台风一般发生在8—9月，发生在百合的苗期、生长期，对植株生长和设施有一定影响。台风会伴随暴雨引起洪涝灾害，百合不耐淹，淹水时间超过12小时会引起根系坏死，植株基部叶片黄化，当淹水没过植株顶部且水退去后，百合顶部的受伤新叶极易引起疫病传染，严重时会超过90%感染，即使喷药控制，顶部的叶片和花蕾受疫病和腐霉菌感染，仍有超过80%切花失去商品价值。

②危害症状：台风可使大棚骨架变形、顶棚或棚膜被掀，甚至整个设施被毁。保护设施被破坏后，百合会出现倒伏、叶片机械损伤等现象；雨涝造成的积水会使土壤水分处于长期饱和状态，导致百合根系吸收养分的能力下降，植株因营养供应不足而生长缓慢，严重的叶片会黄化脱落、地下鳞茎腐烂死亡（见图4.70）。

③管理措施：一是加固栽培设施。必要时可揭膜保棚，大棚加盖遮阳网避雨，防止暴雨对幼苗损伤。二是及时排水防涝。对受淹基地进行开沟疏渠，迅速排除积水，降低地下水位，以防受淹时间过长。三是加强田间管理。雨后及时清洗叶面淤泥，摘除残枝病叶，减少病源，促进通风透光，降低湿度，并及时清沟培土，追施叶面肥，促进植株恢复生长。四是改种补种。对受灾严重或长时期受淹

图4.70 台风受灾后的百合

的百合大棚，雨后应及时清理坏死植株，对土壤或基质进行消毒处理，适时补种或改种其他农作物。五是病虫防治。台风过后，高温高湿环境易诱发各种病虫害，故应注意百合疫病和根腐病等危害。一旦发生病虫害，要合理选用高效低毒农药及时对大棚及周边土壤进行一次全面防治。

3. 切花百合灾害性天气应对措施明白图

切花百合生产与灾害天气月历表																														
月份	6月			7月			8月			9月			10月			11月			12月			翌年1月			翌年2月			翌年3月		
	上旬	中旬	下旬	上旬	中旬	下旬	上旬	中旬	下旬	上旬	中旬	下旬	上旬	中旬	下旬	上旬	中旬	下旬	上旬	中旬	下旬	上旬	中旬	下旬	上旬	中旬	下旬	上旬	中旬	下旬
生育期	基质消毒					定植前准备		种球解冻和预生根		定植和苗期				生长期					现蕾至花梗止长期											
																			花苞增大至开花期											
灾害性天气																					低温冷害和冻害									

续图

受灾症状	产生危害
百合在低温环境中会延长生育期，推迟开花。遇于低于8℃的低温而不加温(如大棚内日最低气温5℃以下)，会引起百合冷害，虽然冷害较轻时能开花，但花色会变畸形，花苞僵化，花瓣不能正常展开，花朵变小，植株叶片黄化。日最低温度低于0℃时会发生冻害，受冻害后叶片和花品质受到影响，轻度受冻时花朵能开放，但花瓣边缘有受冻枯死现象，严重时植株直接冻死。	低温会导致百合花期延迟；连续超过5天日最低气温低于5℃的降温，会使百合根系活力受到影响，出现根系损伤或坏死，叶片光合作用受抑制，出现黄叶烂叶；冻害严重时会出现大面积的畸形花苞和畸形叶，地下鳞茎也容易冻死。

低温冷害和冻害

灾前预防措施

(1)加强大棚防冻保温、加温工作。对大棚设施进行全面检查，发现破损和不牢固情况，应及时更换和加固处理。需加盖内保温膜抵御极端冰冻低温天气的影响，可在大棚内保温膜内加1层60克的无纺布。尤其是低温来临时，封严实大棚的薄膜，增强压膜带固定，防止因强风吹破薄膜，导致棚内温度骤变产生冻害。同时需加强加温工作，检修加温设备，防止因设备行运异常导致棚内温度骤变产生冻害。

(2)加强栽培管理。一是要控制好土壤和基质的水分。冬天温度低、水分蒸发量小，一般冬季百合的栽培基质含水量可控制在40%以内，浇水时间应选择在晴好天气，且日最低气温回升至5℃时，做到适当补水即可；在寒潮来临时，应停止浇水。二是要加强大棚通风和温度管理。白天应适当增强通风管理，防止大棚内空气相对湿度偏高，阴雨天棚内最高温度控制在10～15℃，晴天最高温度可控制在25～28℃，合理调控设施内温湿度，防止烧病、灰霉病发生。三是及时摘除老叶、疏花蕾，改善植株光照与通风条件。四是做好病虫害防治，重点防止蚜虫、红蜘蛛等害虫为害，控制灰霉病、疫病等，提前做好预防工作。五是适当施肥，一般用一些微量元素肥料或磷酸二氢钾，增强植株抗性。

灾后恢复措施

(1)做好大棚水、温湿度管理。若遭遇连续降雪，则需加强积雪清除和清沟排水工作。含水量较高的大棚更应注意控制浇水。当白天气温回升至1℃以上、大棚内温度超过8℃时，做曲通风换气工作；一般11时通风，通风口要根据棚内气温而定，掌握以冷空气不倒灌入棚内为标准；一般14时关闭大棚，应适当缩短通风时间，但切不可长时间闷棚。

(2)及时清理受冻植株等。拔除死亡病株，清理受冻植株枝叶，并喷施代森锰锌、多菌灵和速克灵等药剂防治灰霉病。适当喷施氮磷钾叶面肥，如磷酸二氢钾、尿素等。

受灾症状	产生危害
保护设施被台风破坏后，百合会出现倒伏、叶片机械损伤等现象；雨涝造成的积水会使得土壤水分处于长期饱和状态，根系吸收养分的能力下降，植株因营养供应不足生长缓慢，严重的会导致叶片黄化脱落、地下鳞茎腐烂死亡。	台风可使大棚骨架变形、顶棚或棚膜被掀，甚至整个设施被毁。台风会伴随暴雨引起洪涝灾害，百合不耐淹，淹水时间超过12小时会引起根系死亡，植株顶部且水退后，百合顶部的受伤新叶极易引起疫病传染，严重时会超过90%感染，即使喷药控制，顶部的叶片和花蕾受疫病和腐霉菌感染，仍有超过80%切花失去商品价值。

台风

灾前预防措施

(1)加固重点设施，保证棚膜、设施及农作物的安全。必要时可揭盖保棚，大棚加盖遮阳网避雨，防止暴雨对幼苗造成损伤。

(2)开沟排水，提高抗暴雨洪涝灾害的能力。

灾后恢复措施

(1)及时修补受损设施。

(2)及时排水防涝。对受淹基地进行开沟疏浚，迅速排除积水，降低地下水位，以防受淹时间过长。

(3)加强田间管理。雨后及时清洗叶面淤泥，摘除残枝病叶，减少病源，促进通风透光，降低湿度，并及时清沟培土，追施叶面肥，促进植株恢复生长。

(4)改种补种。对受灾严重或长时期受淹的百合大棚，雨后及时清理坏死植株，对土壤或基质进行消毒处理，适时补种或改种其他农作物。

(5)做好病虫害防治。台风过后高温高湿环境易诱发各种病虫害，其中注意百合疫病和根腐病等的危害。一旦发生病虫害，要合理选用高效、低毒的农药及时对大棚及周边土壤进行1次全面防治。

（徐丹彬执笔）

复习思考题

1.非洲菊受低温冻害影响有哪些恢复措施?

2.切花百合受低温冻害有哪些恢复措施?

3.切花百合受台风影响有哪些危害症状?

参考文献

蔡婧, 常堃, 李世华, 等. 强降雪对十堰市食用菌产业的影响[J]. 湖北植保, 2019, (4): 3-4.

蔡为明, 金群力. 食用菌高温热害减灾技术措施[J]. 食药用菌, 2014, 22(3): 172, 180.

曹欣荣. 浙江省气象干旱规律分析研究[D]. 杭州: 浙江大学, 2013.

曹涤环. 高温热害对农业的危害与预防[J]. 知识之窗, 2020, 11(24): 65-66.

陈柏槐, 崔讲学. 农业灾害应急技术手册[M]. 武汉: 湖北科学技术出版社, 2009.

樊高峰, 王文, 柳苗, 等. 浙江省气象灾害防御规划研究[M]. 北京: 气象出版社, 2011.

顾缓林. 地学辞典[M]. 石家庄: 河北教育出版社, 1992.

黄卫华, 吴应淼, 叶晓星, 等. 香菇高温"烂棒"发生原因及治理对策[J]. 中国食用菌, 2006, (2): 50-51.

李华剪, 许大光, 郑勤. 非洲菊根腐病的发生与防治方法探讨[J]. 安徽农业科学, 2003, 31(4): 659, 661.

李瑞英, 李茂松, 王小兵, 等. 台风对我国农业的影响及防御对策[J]. 自然灾害学报, 2006, 5(6): 127-130.

李松平, 严力蛟, 娄伟平, 等. 浙江省农业气象灾害特点及防灾措施[J], 中国农学通报, 2006(9): 483-486.

陆娜, 宋吉玲. 食用菌生产应对灾害性天气的措施[J]. 杭州农业与科技, 2016, (5): 37-38.

莫丽萍, 武婉丽, 张国民, 等. 气象灾害对香菇生产的影响及防范[J]. 食用菌, 2015, (04): 36-37.

潘慧锋, 胡美华. 西瓜甜瓜标准化生产技术[M]. 杭州: 浙江科学技术出版社, 2008.

芮利刚, 徐富荣, 凌微. 浙北平原大棚非洲菊优质高效栽培技术[J]. 林业科学, 2013(11): 188, 195.

王守荣, 苗长明等. 浙江省气候资源环境及其变化[M]. 北京: 气象出版社, 2008.

许浩恩, 李瑞民, 陈海燕, 等. 浙江台风灾害特征及气象服务特点[J], 浙江气象, 2016(4): 17-23.

杨林, 官秀珠. 气象灾害防御手册[M].福州: 福建科学技术出版社, 2010.

曾凡清.浙江省黑木耳高效栽培技术[J]. 中国食用菌, 2018, (5): 81-83.

郑大玮, 郑大琼, 刘虎城. 农业减灾实用技术手册[M]. 杭州: 浙江科学技术出版社, 2005.

后 记

　　本书从筹划到出版历时近一年，在浙江省相关市、县农业技术推广部门的大力支持下，经数次修改完善，最终定稿。本书在编撰过程中，得到了浙江省农学会的大力帮助，相关专家对书稿进行了认真审阅，特别是浙江省农业科学院郭方其研究员，浙江省气候中心金志凤研究员，浙江省农业技术推广中心纪国成推广研究员、周勤推广研究员百忙之中对书稿进行了认真修改和补充，部分农业生产主体提供了大量照片，在此表示衷心的感谢！

　　由于编者水平所限，书中难免有不妥之处，敬请广大读者提出宝贵意见，以便进一步修订和完善。